情感读本 精品文萃 总主编/罗金远

寻找
上帝的小女孩

胡 昕/主编

让爱心常存，爱意永驻。

南方日报出版社
NANFANG DAILY PRESS
中国·广州

图书在版编目（CIP）数据

寻找上帝的小女孩 / 总主编：罗金远；主编：胡昕. — 广州：南方日报出版社，2013.9

ISBN 978-7-5491-0942-5

Ⅰ. ①寻… Ⅱ. ①罗… ②胡… Ⅲ. ①故事－作品集－世界 Ⅳ. ①I14

中国版本图书馆CIP数据核字（2013）第199467号

XUNZHAO SHANGDI DE XIAONÜHAI

寻找上帝的小女孩 总主编 罗金远 主编 胡昕

出版发行：南方日报出版社

地　　址：广州市广州大道中289号

电　　话：（020）83000502

经　　销：全国新华书店

印　　刷：北京爱丽精特彩印有限公司

开　　本：787 mm × 1092 mm 1/16

印　　张：12

字　　数：175千字

版　　次：2013年9月第1版

印　　次：2013年9月第1次印刷

定　　价：23.80元

投稿热线：（020）83000503　读者热线：（020）83000502

网址：http://www.nfdailypress.com/

发现印装质量问题，影响阅读，请与承印厂联系调换

总 序

罗金远

我们各级学校尚未开设“情感教育”课程，但这并不是说我们的青少年不需要情感教育。

《诗经》开篇就是情感教育，而形式各异的情感教育几千年来从未中断。在倡导素质教育的今天，加强情感教育尤显重要。

于是，2006年中国人民大学书报资料中心孕育了《情感读本》，2008年湖北省新闻出版局催生了《情感读本》。《情感读本》“在感动中演绎道德，在优雅中彰显文明，在挫折中磨砺意志”，短短几年间一跃成为“湖北十大名刊”，肯定有合理理由。

情是一条线，贯穿中华文明五千年；情是一个圈，围拢柴米油盐一家人；情是一个结，系住相知相悦相爱人。情感可以让人慷慨赴死又可以让人顽强求生，情感可以让人安宁静谧又可以让人热血沸腾，情感可以让人远涉天涯又可以让人落叶归根，情感可以让人一夜白发又可以让人永葆青春。我们没有必要去千百次地追问“情为何物”，无论天之骄子还是凡夫俗子，何尝不是“情不知所起，一往而深”？

在看到“同窗投毒”、“儿子弑母”、“失利跳楼”等令人揪心的现象之时，我们深为当代青少年情感荒芜的现实忧虑。值此之际，南方日报出版社郑重出版《情感读本精品文萃》，献给广大青少年和社会，我认为这是有意义有价值的善举。几乎在黄慎如同志向我约稿的同时，我就请胡昕同志主持编辑这套丛书，从《情感读本》杂志多年来发表的文章中优中选优，力求完美。

一本好书，它应当是一位朋友、一位导师、一所学校，甚至是青少年登上知识殿堂的一个阶梯。“情感读本精品文萃”不敢说是“思想的闪电”（马克思语），但它以独特的情感教育方式唱响了社会主义核心价值体系主旋律。

愿文萃能够让每一个人心底流淌出的涓涓细流汇成波澜壮阔的情感激流，让情感激流的正能量共圆伟大民族复兴的“中国梦”。

2013年5月于武汉东湖之畔

作者系《情感读本》杂志社总编辑

目录

总　序……001

1. 圣诞礼物……蔡海鸥 / 001
2. 为父亲流泪……佚　名 / 005
3. 母亲从乡下来……朱　凌 / 007
4. 寒冬中的暖阳……曼　联 / 009
5. 妻子的空位……安　越 / 010
6. 这个冬天不会冷……胡英军 / 013
7. 一封邀请信……王贞虎 / 015
8. 邮局里的小男孩……曹春雷 / 017
9. 爱是最好的未来……梅　寒 / 019
10. 兄　弟……方　程 / 022
11. 无法忘记的眼神……韦延才 / 025
12. 无人看见的鞠躬……何　灵 / 027
13. 那些卑微的母亲……卫宣利 / 029
14. 温暖来自路上……周　洋 / 031
15. 爱的早餐……常晓颂 / 033

16. 我家最富有的时候……刘艳杰 / 035
17. 没有哭泣没有欢笑的婚礼……张雁灵 / 038
18. 顺便的爱，最好的爱……鲁小莫 / 040
19. 儿子笑了　父亲哭了……庄立民 / 043
20. 原来我那么爱你……卫宣利 / 045
21. 卑微的父母，厚厚的爱……徐立新 / 047
22. 屋顶上的爱情……刘恒菊 / 049
23. 兄　弟……周海亮 / 051
24. 温暖的手势……包利民 / 053
25. 与温暖相遇……罗　宇 / 056
26. 分家……李永进 / 059
27. 爱输给爱……莎汤果 / 061
28. 人生拐杖……方　方 / 064
29. 母亲最爱吃的菜……邓　为 / 066
30. 寻找上帝的小女孩……若有情 / 068
31. 谢谢你，曾经允许我不爱……刘继荣 / 070
32. 为你阻挡一川风雨……李丹崖 / 073
33. 七十年前的一颗种子……佚　名 / 075
34. 0.1秒的父爱……陈　程 / 078

35. 快乐永远是生活的主题 ……………………………………………… 张达明 / 080
36. 一吻一天地……………………………………………………… 李良旭 / 082
37. 温馨的诀别……………………………………………………… 梁晓声 / 085
38. 一对父女的风景 …………………………………………………… 肖　进 / 086
39. 总统先生的拥抱 …………………………………………………… 童　心 / 088
40. 争夺倒数第一……………………………………………………… 陈旭红 / 090
41. 欠你一声问候……………………………………………………… 佚　名 / 092
42. 一只苹果和一封信………………………………………………… 王丹青 / 094
43. 偷偷进行着的爱 …………………………………………………… 姚法荣 / 097
44. 母亲节的电话……………………………………………………… 慧　萍 / 099
45. 妈妈，我很快乐 ………………………………………………… 细雨池塘 / 101
46. 平安家书 …………………………………………………………… 蔡中锋 / 103
47. 4万毫升鲜血滋养出的母爱奇迹…………………………… 立　军　鸣　跃 / 104
48. 一个迟到了二十七年的亲吻 ……………………………………… 人　人 / 109
49. 母爱无疆——维吾尔族老妈妈与她的和谐大家庭…………… 长　城 / 116
50. 绵阳“霍金”站起来全赖生命女神伴他左右……… 绵州虹　张　宁 / 122
51. 人性光辉：日本遗孤与中国养父母的动人故事 ………………… 尹　丽 / 129
52. “只要你们过得好” ……………………………………………… 段奇清 / 135
53. 孩子幸福是最高法则：生父母养父母一笑泯恩仇……………… 李　默 / 139

54. 人间大爱彰显在生死瞬间……………………李亚彪 张铁国 商意盈 / 146

55. 8岁养女，瘫痪妈妈的脊梁……………………………………甘小彬 / 151

56. “春天妈妈”唱绿生命的春天……………………………………阿 颖 / 157

57. 一个渡口的信义传奇……………………………………………张 航 / 166

58. 86年，我们不曾跟丢你…………………………………………徐立新 / 171

59. 我有一个“星星的孩子”…………………………………………马 丽 / 174

60. 一碗流泪的面……………………………………………………朝 颜 / 180

1

妈妈，奶奶不让我理你，说你是坏孩子，我不信，坏孩子能唱出那么好听的歌吗？

圣诞礼物

□ 蔡海鸥

如果我是一位画家，这件事将变得简单，需要的只是纸、铅笔就可以将那小女孩从记忆中勾勒出来。当然，现在她已永远离开了这座都市，但对我而言，她是被装进了我的百宝箱，成为我永远的珍藏，只要我念声“芝麻开门”，就会让所有的人忌妒我的富有。

那是圣诞节的黄昏，我和搭档正跟田纳西夜总会售票台的小姐“起腻”。此时，一位身穿红色羽绒服的小女孩来到我身旁，红扑扑的脸透着可爱。她脆生生地问我：“叔叔，你进去听歌吗？”

“有什么事？”

小女孩从身后的书包里面抽出一张画，“如果你碰到我妈妈，请把这张画给我妈妈。我妈妈是歌手，她叫李洁。”

这是一张水彩画。白纸上，一塘的绿云绵延，独有一朵半开的红莲挺然其间，像一堆即将燃烧的火，更像那小女孩绽开的笑靥。一笔简单的红莲绘出多少形象之外的美善，一片片青叶支撑了多少纯真的祝福。

“为什么不自己给她呢？”

“我只知道她是歌手，却不知道是在哪一家歌厅，所以我花了两天的时间才画了这么些画……好了，谢谢叔叔，我还要去别的歌厅呢。”说完，蹬一辆小脚踏车消失在寒风中。

圣诞节也许是夜总会最热闹的一天。那温柔、缠绵的音乐使人心旌摇荡，玻璃屋顶下，赤橙黄绿青蓝紫的光晕浑然交错，旋转式灯球射出的光线散开、又聚集，把圣诞树映衬得格外迷人，纷乱的脚后跟敲在地板上，不知是灯光追逐着舞步，还是舞步追逐着灯光。

我俩坐在舞厅一角喝着咖啡，品嚼着厅堂里每个浪笑、高歌的女人。这时，飘来司仪甜甜的声音：“下面由最受欢迎的夜莺小姐为大家献歌，请欣赏。”

夜莺？我与搭档相视一笑，稍一思忖，拿过一张点歌单，笔走龙蛇。

歌毕，掌声四起。夜莺接过我的纸条，款步迎来。近处的夜莺展示给我们的是一个美艳女人的成熟与丰韵，她的眼睛放射着大胆而火热的光。我们谈她的歌、她的美、她的风情，试图了解一些她的生活背景，而透过我们眼底积累的太多风尘，她终于也看出了我们的警察身份。“现在就要带我走么？”

夜莺正是我们“恭候”一晚上的目标，她因涉嫌参与团伙卖淫、吸毒而被拘传。

我们极绅士地陪同夜莺走出夜总会，跨进切诺基。在起动的同时，我调侃道：“夜莺，多动听的名字。”

夜莺靠在后座上，慵懒地抽出一根烟叼在嘴上，“那是他们给我起的艺名，我的本名叫李洁。”

刺——我本能地踩住刹车。李洁？我从皮夹克里掏出那张小女孩的画，“瞧瞧，这是给你的吗？”接着，我把那仿佛童话中的小女孩描述一番。夜莺一改其散漫无羁的神情，露出惊喜的笑容，转瞬，泪洒烟落。原来那画的背面还写了字——

妈妈：

爷爷说乖孩子都会得到圣诞老人的礼物。我很乖，我的画在少年宫得了一等奖，爸爸还从国外给我寄了一盒彩笔。

妈妈，奶奶不让我理你，说你是坏孩子，我不信，坏孩子能唱出那么好听的歌吗？

妈妈，你什么时候能来看我画画呢？

此刻，夜莺已是泪流满面，她又点着一根烟猛吸了一口，突然，她扯住我的胳膊："警察兄弟，帮帮忙，去找找我女儿吧，她一定还在往各个舞厅送画呢，你让我看她一眼也行……"切诺基开始在夜色阑珊的都市中穿行。

在夜莺的喃语中，我们知道两年前夜莺的丈夫因偶然发现其吸毒，愤怒提出离婚，并且弃家出国。他们的女儿婷婷就一直跟着爷爷奶奶一起生活。奶奶从不让夜莺去见婷婷，而她似乎也在纸醉金迷中找到了安慰和麻醉。

最是飞车喧嚣的街市，在陌生的表情间穿行，夜色层层加重，天空渐渐飘起了雪花。这座城市的歌舞厅、夜总会像天上的星星般遍布，失望如一条青藤爬满车上每个人的心壁。

忽然，在前方的十字路口，我看到那团火红一闪。紧踩油门，拐过街角，随着对面一阵尖锐的刹车，那团火红轻轻地飞了起来，缓缓地，飘落在湿冷的街面，犹如一片零落的红莲。

这是最冷的冬天。

她只是去歌厅为妈妈送份圣诞礼物，这简单美好的动作却要我终身难忘了。路上所有的车子都停了下来，人潮涌向马路中央，没有人知道，那躺在街面的就是夜莺的女儿。

我的眼睛被那片红莲覆盖，此刻，有歌声引我穿过喧哗，有心痛引我穿过寒风。更大的雪花融进我的眼眶，融进我的生命里来。

在刺耳的警笛声中，切诺基向医院发疯般地驶去。夜莺的泪飞扬在我手上，可那敲响圣诞钟声的夜却像一出幕落得迅雷不及掩耳的悲剧，把夜莺和我们的车永远地抛在了那朵红莲凋谢的背影之后……

夜莺一直在这样哭喊，那可爱的小女孩听没听到呢？

——婷婷，妈妈还没看你画画呀！你还没有看到妈妈成为乖孩子呵……

2

父亲扛上行李走了。望着父亲瘦小的身影，我忽然泪如泉涌。

为父亲流泪

□佚　名

几年前，我读过一篇文章《为你的父亲流一滴泪》，大意是：我们为很多人流过泪，却从来没有为父亲流过泪。作者说：为你的父亲流一滴泪吧，让这泪化作你对父亲所有的理解与尊重。当时很受感动，但是这么多年来，我依然没有为父亲流过一滴泪。

周末回到家，正赶上父亲要出门打工，我便帮父亲收拾行李。

“拿个茶杯吧？”“不用，喝自来水就行。”

“拿被子吗？”“不用，毛巾被就行。”

我把毛巾被拿来叠好，又问：“拿褥子吗？”“不用，拿这个毛毡就行。”父亲指着一块毛毡说。我接过毛毡一看，纸一样薄薄的，“这怎么能行呢？”

“能行，能当席又能当褥子，还隔潮气。”父亲接过毛毡把它塞进一个蛇皮袋里。

“能当席？你们出去是睡在地上吗？”“嗯。”

“能睡吗？只铺一层毛毡。”“能，就这比以前好多了，以前我们夏天都是睡在河边，下雨了就去睡桥下，蚊虫很多。现在都是几个人租间房睡屋里。”父亲说着又往袋子里装了些工具：锤子、瓦刀、铁锹等。

“出去做什么工作？”“啥都行，多带几件工具，找到什么干什么，反正都是出力气挣钱。”

我望着父亲的满头白发，忍不住说：“这几天天这么热，又刚收完麦子，在家歇几天吧？”

“不累。你的房款还没交完，你弟弟还想在洛阳买房子，我趁能干动活赶紧好好干几年，再给你们凑点。”父亲边说边收拾着满满一袋行李，用绳子捆好。

家里离车站还有五六里地，我说：“爹，我送送你吧！”“不用，你能拿动？”我试了试，真的提不起来。

父亲扛上行李走了。望着父亲瘦小的身影，我忽然泪如泉涌。

当我坐在办公室里喝茶看报时，当我提着大包小包的东西出差时，当我和朋友们一起逛街时，当我睡在舒适的席梦思床上时，我从来都没有想到过父亲。甚至当我为买房而从父亲手中接过一万元钱时，我也没有想过父亲的钱是怎么挣来的，我更没想到父亲会为了省几块钱而睡在大街上、大桥下。然而父亲却时时刻刻都在想着我们。

父亲啊，三十多年了，原谅不孝女儿这迟来的泪水吧！

3

一次，在清扫房间的时候，他竟然发现了那袋没有被清理出去的人参果，一看产地，正是母亲那晚下错车的地方，他顿时明白了母亲为什么会下错车。

母亲从乡下来

□朱　凌

父亲从镇上打来电话说母亲要来照顾怀孕的媳妇，可一直没有她的消息。在这期间，他去了火车站、汽车站以及船码头，能找的地方都找了，却一直不见母亲的踪影。

凌晨三点的时候，他打算上床休息，第二天再去寻找。这时，门铃响了，开门一看，是母亲。他连忙将母亲迎了进来，示意她小点声音。卧室里，他的妻子正在睡觉。自从她怀孕后，他就包揽了家里所有的家务。此次母亲来也是为了照顾她。他将母亲带到客房，一个劲地埋怨：“不是说火车晚上十点到站吗？”母亲轻声说：“我下错了站，下车之后，才知道还有两站才到。原想着随便找个地方住下，可又担心你着急，就转了另一趟车才到。”母亲边说边将东西一件件往外清理，有从家里带来的土特产，也有自己种的瓜果，还有一袋人参果。母亲笑着说：“这人参果是给小萍带的，怀孕的女人吃这个好。”

第二天一早，母亲已将早饭做好。一看，是小米稀饭，里面还有黑乎乎的像菜梗一般的东西。小两口相互看了看。母亲说："这就是我昨天拿来的人参果，趁热吃，凉了就没有效果了。"可她却始终不动筷子，空气一时间凝固了起来。他连忙说："她不爱吃稀饭，一会我去给她买早点回来。"

接下来的日子，他更为尴尬，她嫌母亲做的饭，不是这不好，就是那不好。怀孕的女人本就娇气，再加上在城里生活了这么多年，忽然来了个乡下婆婆，让她一下子无法适应。她说："我们请个保姆吧，让你妈早点走。"他想了想，竟然同意了。当他婉转相告时，母亲什么都没说，点头答应了。母亲走后，她说："以后还是让你妈少来这里。这不，油烟机她弄不干净，就连抽水马桶都按坏了。"

孩子出生后，母亲从镇上打来了电话。她歪着脑袋对他说："是不是你妈嫌我生的是女儿啊？乡下人只这点见识。"他什么话都没有说，因为母亲在电话中问得最多的就是大人小孩是否平安，临了还是他小声地说生了一个女儿，母亲却说他没一点良心。儿子女儿都一样，女人生孩子原本就不容易，怎么能因此而心生埋怨呢？

再后来，母亲每隔一个月便寄来几百块钱。母亲一生都没有工作，这钱都是她平日里卖菜的收入。一次，在清扫房间的时候，他竟然发现了那袋没有被清理出去的人参果，一看产地，正是母亲那晚下错车的地方，他顿时明白了母亲为什么会下错车。当他返乡对母亲说出心中的愧疚时，母亲只是喃喃地说："哪有母亲会怪自己的孩子呢？只要你们好，我就高兴。"回城后，他对她说起了自己的母亲，靠在他怀中的她，也和他一样，泪流满面。

4

望着店主诧异的眼神，我从口袋里掏出另一张一元钞票，补给店主："他是个好人！"店主紧紧握着这张钞票，说："你也是个好人！"

寒冬中的暖阳

□曼　联

那年我在纽约。一个冬日的下午，我到路边的报摊要购买一份杂志。我掏出五张一元的钞票，交到店主的手上。就在这一刹那，猛地刮起一阵冷风，店主的手一松，其中一张一元钞票随风飘到街角一个在寒风中瑟瑟发抖、默默长跪的乞丐身旁。

这时，店主"呀"地一声，说："糟了！这下肯定拿不回来了！"我的脑子还没反应过来，只见乞丐拿起了膝前的钞票，站起身，一步一步向我们走近。他一言不发，伸出满是污垢的手，将那张钞票交还给我。

我诚敬地将钞票又塞回乞丐的手中。他的手迟疑地停顿在半空中。我轻声说："这是你的，是神的意思。"他嗫嚅地说声："谢谢！"拿着那张钞票，又蹒跚地走回原地，跪在街头。

望着店主诧异的眼神，我从口袋里掏出另一张一元钞票，补给店主："他是个好人！"店主紧紧握着这张钞票，说："你也是个好人！"

我笑了笑，寒冬中微弱的阳光，照在我身上，也照在乞丐的身上。

5

儿子回家说，他在幼儿园里学了写字，从此他经常关在自己的房间里不出来，很认真地写字。我看到儿子这个样子，想到妻子在天国也一定会因为看到他这样而微笑……

妻子的空位

□安 越

我的妻子因为意外事故离开我身边已经4年了。我想，妻子留下不会做任何家事的我和孩子，她的心是何等难过呢？我也因为无法兼顾父母双亲的角色而感到挫折。有一天我为了出差，清晨赶着出门，无法将孩子打点好就得离开家，正巧前一天有剩下的饭，我热了蒸蛋，向还没有睡醒的孩子交代一声，就出门去了。

为了照顾好孩子饮食三餐的事，我也无力把自己的工作做好。有一天晚上回到家，我只是很简短地和孩子打个招呼，因为身体疲累，不想吃晚餐，脱掉西装之后，就直接往床上躺下。就在那个时候，砰的一声，红色的汤汁跟泡面瞬时弄脏了床单和被子，原来有碗泡面在棉被里！这小子真是的，说时迟那时快，我拿起一个衣架，跑出去，往正玩着玩具的儿子的屁股就打，因为我实在是太生气了，所以不停地打他。

但就在这个时候，他边啜泣边说了一段话，使我停了下来。

儿子告诉我说：“饭锅里的饭早上已经吃完了，中餐在幼儿园吃了，但是到了晚上，爸爸还不回来，我就在橱柜的抽屉里找到了泡面。可是我想到爸爸说不能乱动瓦斯炉，所以我就打开洗澡的水龙头，用热水泡了泡面，一个自己吃，另一个想留给爸爸吃。因为怕泡面凉掉，所以我就把它放在棉被里，等你回来。可是因为我正在玩向朋友借来的玩具，所以忘了跟爸爸讲。”

我不想让儿子看到我在流泪，所以冲到洗手间，将水龙头打开，大声地哭。过了一阵子之后，我打起精神来，一面哄着儿子，一面在他屁股上擦药，让他上床睡觉。当我清理好泡面弄脏的床单和棉被后，打开儿子的房门一看，发现他仍旧发出哭泣声，手里还拿着妈妈的照片。我把头靠在房门上站了许久，看着这一幕。

自从发生这件事之后，我为了扮演好妈妈的角色，更加用心地去照顾他。现在儿子快7岁了，不久后就要从幼儿园毕业，进入国小读书。庆幸的是，儿子在这段时间毫无阴影，很开朗地成长。

就在不久前，我再一次打孩子，因为幼儿园来电话说，儿子没有去学校，我心里觉得很不安，所以早退回家，在整个小区里大声地喊他的名字，却是遍寻不着。后来在文具店的门外，看见他站在电玩的前面，于是我很生气，又开始打他。儿子并没有说出任何的解释，只说了声对不起。后来我才知道，原来那天刚好是幼儿园要邀请妈妈去看才艺表演的日子。

发生这件事的几天后，儿子回家说，他在幼儿园里学了写字，从此他经常关在自己的房间里不出来，很认真地写字。我看到儿子这个样子，想到妻子在天国也一定会因为看到他这样而微笑，我就无法忍住泪水。

时间很快，又过了一年，到了冬天，街上都在播放着圣诞节的歌曲，我的儿子却又闯了一个祸。我正要下班的时候，接到一个小区邮局的电话，说我儿子把一捆没有写地址的信，恶作剧地放在邮筒里。每年到了年底，正是邮局最忙碌的时候，所以这对他们造成很大的困扰。虽然我已决定不再打孩子，但在急忙赶回家后，叫了儿子来，我又忍不住痛打他一顿。儿子这一次只是说他做错了，却没有讲出任何理由。我把他推到一个角落，不管了，自个儿跑到邮局领回那一捆恶作剧的信。我把信丢到他跟前说："你为什么要这样恶作剧？"儿子哭着回答说："这些信是我要寄给妈妈的。"

当时我的眼眶红了起来，心里很激动，但是因为在儿子面前，所以我尽量隐忍住没有表现出来。我接着问他："那么，为什么一次寄这么多信呢？"儿子回答说："以前我要把信投进去的时候，因为个儿太矮，所以没办法投入，但是最近我再去邮筒时，已经够得到了，所以我就把以前没有寄的，一次全部都投进去了。"

我听了以后，心中一片茫然，不知道该对孩子说什么话。过了不久以后，我就跟他说："妈妈现在在天上，以后你写完信，把信烧了，就能送到天国去。"等孩子睡着之后，我到外面去烧那些信。我很好奇到底孩子想跟妈妈说些什么，所以读了其中的几封信。

而当中有一封信搅动了我的心。

亲爱的妈妈：

我很想念你！妈妈，今天在幼儿园有才艺表演，但是因为我没有妈妈，所以没有去参加，我也没有告诉爸爸，怕爸爸会想念妈妈。爸爸到处去找我，但我为了让爸爸看到我很开心的样子，所以故意坐在电动玩具面前，虽然爸爸骂我，但是我到最后也没有告诉他原因。妈妈，我每天都看到爸爸因为想念妈妈而哭泣，我想爸爸也跟我一样，很想念妈妈吧！但是，妈妈，我现在已经记不清楚你的脸。妈妈，请你让我在梦中，再一次能够看到你的脸，好吗？听说把想念的人的照片放在怀里睡觉，就会梦到那个人。

可是，妈妈，为什么你没有出现在我的梦里呢？

读完这封信以后，我就开始嚎啕大哭。到底什么时候，我才能填补妻子的空位呢？

6

为什么您觉得那三百块钱该我拿？为什么只有我怕冷？为什么您总在想着我，而不考虑自己呢？您这样让我很难过。

这个冬天不会冷

□ 胡英军

妈：虽然昨晚才通过电话，可我觉得有些感情是无法通过电波传递的，我还是需要将它付诸笔端。

您说您在自留地里下的铁锚套住了一头野猪，我明显感觉电话那头的您在手舞足蹈。

是的，您应该兴奋。您辛苦经营的一块地，眼看种出的红薯就可以往家里收了，却被那可恶的野猪频繁践踏，赶也赶不走，不套住它们，哪来丰收呢？不套住它们，今年的杂粮又得减产；不套住它们，您整晚整晚地睡不着。您得套住它们！

可是，我知道，您兴奋的原因不止这一点。爸在家的时候，下了几个月的套子，却一无所获。而他出门才不足十天，您“继承”他的“事业”，却大功告成。这一下子就成了您驳倒他的理由，让他充分相信您真的能顶半边天，您肯定高兴。

但重点仍不在这，您轻描淡写地说您去县城一趟，把那头野猪给卖了，换了三百块钱。这才是您激动的真正原因。

您说您要把钱寄给我，您说天冷了，要我拿去买件厚实的棉袄，您说，经常去外面吃吃火锅可以驱赶寒气。您说得那么自然，您安排得那么“妥帖”，可是，我亲爱的傻妈妈，电话这头，我哭了，您知道吗？

为什么您觉得那三百块钱该我拿？为什么只有我怕冷？为什么您总在想着我，而不考虑自己呢？您这样让我很难过。

是的，冬天到了，天冷了，该添厚衣服了。可您前段时间找出来的那堆旧毛线整理好了吗？您说要用它织件毛衣，完工了吗？您的破袜子补好了吗？还有，您的布鞋，借到棉花加厚了吗？应该都没有吧？我记得，您说过，前两周为了给我凑下个月的生活费，您在附近工地打小工，您身上的衣服，还暖和吗？

我的冬天也是您的冬天，我怕冷，但您也不是铁打的，低血糖的您更怕冷。请您珍惜一下自己，好吗？那三百块钱我不要，打死我也不要。请您拿着它去给自己添件厚点的衣服，买两双袜子吧！

妈，我会好好的，您也要好好的。听我的话，按我说的去做吧！只要您好好的，对于我来说这个冬天就不会冷。

祝您身体健康！

爱您的儿子：英军

7

我看到了那封信，上面是一幅画——餐桌和4把椅子。其中有一把椅子是空的，其他的椅子上分别贴着标示为妈妈、爸爸、小玲玲的纸条。我们每个人的身上都画了一颗心。

一封邀请信

□ 王贞虎

一直以来，父亲都与我们分开过。他是一个固执的老人，在一家采石场做了几十年的苦工，喜欢单身，自打半年前与儿媳发生一次口角后，就再也没到我这个儿子家吃过一顿饭，为此，我们拿他没办法。

重阳节的前几天，我对妻子说：老人节接爸过来过节吧。妻子点头说上次都怨我，不该跟一个老人斤斤计较。我们给父亲打了电话，他却从喉咙里发出一声咕噜声：不！

当天晚上，女儿问我要了她爷爷的住址。“你想做什么？”我问她。她将一张信纸整齐地折好放进一只信封里，天真地笑着说，“爸，我要给爷爷发去一封邀请信，我自己做的。”

我把父亲的住址一个字一个字地告诉女儿，让她记下来。她写得很吃力，努力地把每个字都写得工工整整。写完后，她放下笔，坚定地说：我要自己寄。你带我到邮局去好吗？

重阳节那天，妻子做了一桌好吃的，摆好三双碗筷。这时，女儿突然对她妈妈说：请摆四双，多了个爷爷。她妈妈惊诧地问她：咦，你是怎么知道的？

“那封信呀！”一封信就能打动一个固执的老人么？我感到女儿的幼稚和可笑。沉默了一晌，我对妻子说：我想我们可以开始了吧？但女儿却摆摆手：爸爸，再等等。我们都有些不知所措，假如父亲不能来，他小小的孙女儿该是多么地失望？

墙上的时钟滴滴答答地响着。忽然间，好像有人按响门铃。女儿跳下椅子，飞快地跑了出去。爷爷！进来的果然是父亲，他穿着那件他仅有的发亮的黑西装，腰板直直地走进来。

几天后，我们一家三口来到父亲家。我看到了那封信，上面是一幅画——餐桌和4把椅子。其中有一把椅子是空的，其他的椅子上分别贴着标示为妈妈、爸爸、小玲玲的纸条。我们每个人的身上都画了一颗心。

8

“过年一定要回来啊。”小男孩在“一定”两个字上加重了语气。一定！

邮局里的小男孩

□ 曹春雷

我是在一个乡镇的邮局见到那个小男孩的。

我正同邮局的一位朋友说着话，那个小男孩就一溜小跑着进来了，在寄信的橱窗前，踮着脚尖，要买一张信封和一张邮票。

因为刚才的跑，小家伙的脸蛋红扑扑的，额上有亮晶晶的汗珠。看他八九岁的样子，穿一身校服，背着书包，系着红领巾，像是附近学校的小学生。

拿到信封和邮票后，小男孩放下书包，掏出几张纸，在我身旁的一张小桌上，铺展开来。我低头看去，纸是作业本的纸，纸上是大大的字，用铅笔写的，开头写着“爸爸妈妈”，歪歪扭扭，倒也挺可爱——呵，小男孩还会写信。

小男孩板板正正地，将信叠成了个三角形，轻轻地放进信封，再将信封放在桌上，然后用手一下一下抚平。像是不放心，他又将信抽了出来，舒展开，小嘴翕动着，小声地念。

营业厅里除了橱窗里的工作人员，就是我和小男孩了。很静，我能听见他念的声音。

“爸爸妈妈，（你们）在那里干活很累吧”。“lèi”，小男孩拼读着。大概是不会写，累字用拼音代替了。

“家里的老母羊生了四只小羊，都活了。放学后，我给小羊拔草吃。羊长得很快。鸡下蛋很多，我给爷爷奶奶吃”，念到这里，小男孩停顿住了，拿出笔，一边念一边写，像是要补充上去的——“奶奶生病了，花了很多钱”。

写完，小男孩嘴里叼着铅笔，沉思了一会。然后嘟囔着，不行。从书包里的铅笔盒里，掏出橡皮，一点点擦去了。然后又念念有词：“爷爷奶奶很好。”

小男孩继续念：“我这次考试考了两个100，老师夸我了”。

“爸爸妈妈什么时候回来？我想你们”，念到这里，小男孩声音低了下去，抽了下鼻子。“过年一定要回来啊。”小男孩在“一定”两个字上加重了语气。一定！

小家伙把信重又叠好，塞进信封，压平，找胶水粘住封口，然后贴上邮票。从书包里，小男孩拿出一张纸条，比着上面的字，往信封上抄，一笔一画地，是在写地址。我注意到，收信人地址是深圳的一家玩具厂。

写完后，小男孩双手捧着信，走到邮箱跟前，伸手去投，却又缩了回来。他又检查了一遍信上的地址，一字字念了，确认无误，才轻轻地投进邮箱。然后背起书包，一溜小跑出门去了。

后来，我常常想起那个小男孩，想，他的父母该收到他的信了吧。

9

我永远无法忘记的一个镜头，是冬冬的养父母来电视台接他的时候。那一对满面尘土尽是沧桑的中年夫妇，在看到孩子的瞬间，当着众人的面，把冬冬紧紧搂在怀里，哭得泪水狼藉。

爱是最好的未来

□梅　寒

孩子叫冬冬，是在一个寒冷的冬天来到这个院门紧闭的家的。那时，院子的主人，一对刚刚丧失了亲骨肉的中年夫妻，从路边抱回几近冻僵的他，从此把所有的爱给了这个从天而降的小人儿，在他们无尽的呵护下，孩子一天天长大着，他能对着他们沧桑的脸笑了，笑容纯净如新月，他能伸出胖乎乎的小手抓住妈妈的头发往嘴里吮吸……在那个贫寒却充满温暖的小院里，小小的他，再也不会在睡梦里无助地哭了。

一切改变缘自一场突如其来的重感冒。一场持续的高烧过后，让三岁的冬冬，突然变得冷漠。他不言不语也不再笑，父母带着他往一家又一家的医院跑。那一纸薄薄的诊断证书，却似晴天里的霹雳，毫不留情地砸向了那个家。孩子竟然患上严重的神经性耳聋。手捧诊断书，夫妇两个欲哭无泪。犹豫再三，他们决定把孩子送到当地一家福利院去，是因为他们觉得，为冬冬做人工电子耳蜗的二三十万元医药费，政府会出得起。他们爱孩子，却不想因为自己的贫穷耽误了孩子的一生。可冬冬却是让人意想不到的固执，在福利院的四天时间里，他不吃不喝，只哭闹着要回家。无奈之下，工作人员又将孩子送回来，迎接他们的却是紧锁的院门。

我把冬冬带回电视台，并连夜把那段让人心碎落泪的录像制作出来。其间，冬冬已不再哭，他很安静地坐在休息室里，看着我和同事们来来回回地忙碌走动。把他拉到镜头前，让他叫一声“妈妈”的时候，他竟然毫无反应。几天的时间，他已丧失了自己最后的一丝听力。可他还是很努力地睁大眼睛，对着镜头。看着冬冬明亮清澈的大眼睛里，泪水越聚越多，最后终于无声地沿着那张泪痕重重的小脸再一次滑落下来的时候，我的手轻轻地抖了，是什么样无法承受的忧伤，让孩子美丽的双眼再也托不起那滴滴晶莹的泪啊。

节目播出后的两三天里，热线几乎被人打爆。热心的观众朋友，从四面八方将牵挂与爱，汇聚而来。他们有询问孩子的父母找到没有的，有询问如何为小冬冬提供捐助的，也有人，愿意担当冬冬的父母。除却深深的感动与感谢，我们不能答应那些好心人的请求。有些人，有些爱，在孩子的生命里无法替代。

我们一直渴望的一个电话，是在节目播出第四天后打进来的。电话接通，里面却只有压抑的抽泣声：“我们来领冬冬回家……”一句话未讲完，下面的内容已完全被泪水淹没。

我永远无法忘记的一个镜头，是冬冬的养父母来电视台接他的时候。那一对满面尘土尽是沧桑的中年夫妇，在看到孩子的瞬间，当着众人的面，把冬冬紧紧搂在怀里，哭得泪水狼藉。冬冬也哭，把小脸蛋紧紧地贴在妈妈的脸上，把自己的眼泪和妈妈的眼泪混在一起……有些重逢的痛胜过生离死别，那一刻，我相信。

“我们错了，错了，其实，从把孩子送走的那一天起，我们的心就没有安生过。我们不是不爱冬冬了，可我们家穷，治不了孩子的病，我们就想给孩子一个好的未来，现在我们才明白，无论他怎么样，有我们，他才有未来……”她一直在哭，一直在说。怀里的冬冬却一脸的茫然，他只是那么紧张那么小心地贴在妈妈的怀里并不时地抬起小手轻轻地替妈妈擦一下眼泪。

对那对善良的夫妇，我们也不能作出什么指责，因为爱而犯下的一个错误，相信他们会用一生的爱来弥补。但我们终究还是觉得庆幸，因为他们又回来了，因为他们终于认识到，对于冬冬，他们的爱就是他最好的未来。

10

医生说："他死了，也多亏他伸出来一只血淋淋的手我们才发现了你们，他手里还有一张纸条，正面写着一句'附近有人活着'，背面还写着一句——'兄弟，好好活'。"

兄 弟

□方 程

在大楼的顶层，一个人正在向经理汇报公司夏季预算，当他读到最后一页的时候，时针和分针定格在2时28分。

天崩地裂，丘峦崩摧。大地揭开了平静的面纱，张开了血盆大口，疯狂地吞噬着一切，整个城市在战栗中崩塌，匍匐在大地的脚下……

终于，大地耍尽了威风，平静了下来。

"经理，你在哪？"

"我……我还活着，在一个夹缝里，你呢？"

"我还好，就是半边身子给压住了，头上还顶着一根钢筋，右手边好像有一个光孔，空气还算通畅。经理，你怎么样？"

"我左腿被压住了，头也被扎破了，胀得难受。"

"别着急，一定会有人来救我们的，我们要坚持住啊！"

"不行了，现在很难受，估计挺不住了，你要是能被救出去，请帮我找到我的家人。告诉他们，我的账号是××××××××，密码是

××××××。”

“不要乱想，我们会挺住的。”

“不行了，我要挺不住了。”

“哈哈哈哈，什么你都赶在我的前头，没想到连死你也赶在我的前头，总算是老天有眼啊！”

“你……你说什么！”

“哼！从小你身子弱，同学们都欺负你，是我保护着你。后来你成绩变好了，就不理我了。好啊，你现在发达了，把我招到你的公司来当个小会计。你是总经理，有权有势就了不起吗？现在你还不是要死在我前头！”

“你……”他心里实在是太愤怒了。他万万没想到，自己小时候的好兄弟竟然是这样看自己的，真是知人知面不知心啊。

“怎，呼吸变快了，还是心脏病发了啊？哈哈，告诉你，公司的机密是我透露出去的，我就是要看着你一无所有。正好，你告诉了我账号和密码，等我被救出去之后，就拿着你的钱去逍遥！”

“你这个王八蛋，你……我本来打算下个月就提拔你，这一年多来就是对你的考验，没想到你是这种人，我不会跟你一起死在这！”之后，无论对方怎么挑衅，他都不说话，心里只想着：我不能死！他撕下自己的衣袖，包扎好头上的伤口，尽量保持清醒。恍惚中，他看到自己站在一个黑暗的门口，一种充满魔力的声音在喊：进来吧。他猛地惊醒，拍打着自己的脸，心中一阵后怕。饿了、渴了，他就用布蘸着自己的尿往嘴边送。不知过了多久，一道强光射在他的脸上，他听见有人在喊“这里还有人吗？”他的嘴角往上牵了牵，晕了过去。

又不知过了多久，他苏醒过来，发现自己躺在白色的床上。他想下床，但下身已经没有了知觉。这时，医生走过来问：“感觉怎么样？”他木然地点点头，问：“和我在一起的人怎么样？”医生说：“他死了，也多亏他伸出来一只血淋淋的手我们才发现了你们，他手里还有一张纸条，正面写着一句‘附近有人活着’，背面还写着一句——‘兄弟，好好活’。”

此时，他望着窗外的天空，泪如泉涌。

11

我看见郑光奇往外看的眼神，是那么的平静。我想，这样平静的眼神我这一生都不会忘记的。

无法忘记的眼神

□ 韦延才

郑光奇是一个农民，今年60岁。第一次见这位老人，是去年6月初的一天。在镇政府的办公室里我见到了郑光奇，他目光呆滞，脸上布满难以掩饰的悲伤。

仅仅是一夜之间，郑光奇就与儿子天人两隔。就在前一天，郑光奇在村小学里当教师的儿子为抢救被山洪冲走的学生，献出了他年轻的生命。

一个星期后，村小学校长带我们来到郑光奇家，令我们意想不到的是，那个被郑光奇儿子救起来的孩子也在家长的带领下来了。

孩子叫郑克，在村小学里读三年级。孩子的父亲告诉我们，在来的时候，曾给郑光奇打了一个电话，说他们要带着孩子过来，亲自向老人表示感激之情。

校长上去敲了敲门，对着屋里说明了来意，但里面一点动静也没有。

郑克父母拉着郑克，在门前跪下，说："阿伯，您出来吧，郑克的命是你们儿子给捡回来的，从此之后，郑克就是您的儿子。我们都是您的亲人。”母亲拉着孩子的手，说：“快叫爸爸妈妈。”

但孩子没有叫，泪水从他的眼里流了下来。

正在我们不知所措时，屋里传来郑光奇老人的声音：“你们带着孩子快走吧，我不想见到你们。”

孩子走后，校长又上去敲门。郑光奇老人打开了门。落座后，郑光奇一把拉住校长，说：“有件事校长你一定要帮忙。”校长点了点头。

郑光奇说：“以后叫郑克不要再来认我们做什么父母了。一个小小的孩子，别让他的心里有太多的压力和负担。”郑光奇说着，往郑克他们走的地方看了看。

我看见郑光奇往外看的眼神，是那么的平静。我想，这样平静的眼神我这一生都不会忘记的。因为它给了我感动，也给了我面对生活的力量！

12

那天下着小雨，在一条社区边安静的小路旁，一个娇小的女孩诚心诚意地对着她的乘客离去的方向深深地弯下腰去。这个场面让我当时就相当地有感触，平平静静地就定格在我的记忆中。

无人看见的鞠躬

□何　炅

在东京坐过一次小巴。是那种很不起眼的小型公共交通工具，从涩谷车站到居住社区集中的代官山。上车就注意到司机是个娇小的女孩，穿着整齐的制服，戴了那种很神气的筒帽，还有非常拉风的耳麦。我们上车的时候她就回头温柔地说欢迎乘车，立刻就觉得这样的车程是温馨愉快的。

路途中我发现这样的司机可能最忙的其实是嘴。因为她带着耳麦时刻都在很轻柔地说着什么。比如“我们马上要转弯了，大家请坐好扶好哦”，“我们前面有车横过，所以我们要稍等一下”，“变绿灯了，我们要开动了”，“马上要到站，要下车的乘客请提前做好准备。”

我就觉得这样也挺有趣，一边坐车一边还可以猜猜人家说的是什么。到了其中一站的时候，司机讲了很多很多的话。正在猜测得难解难分的时候，车门打开，上来一个同样打扮的女司机。她朝车里的乘客们深鞠一躬，说：“接下来由我为大家服务，请多关照。”

哦！原来她们是要交接班了！然后她才下车绕到驾驶位，和之前的司机交接工作。她们简单交谈了几句，然后互相深深地鞠躬，大家交换位置。然后新司机握好方向盘，同样温柔地说："我们马上要开动了，请大家注意安全。"这时，之前的司机在路边对乘客说："谢谢大家，祝大家一路平安！"

车开动了。无意中回头，我发现路边的司机静静地在路边朝我们行驶的方向鞠着90度的躬，许久许久。

我说了这么多这次乘车时的细节，重点就在这个无人看见的鞠躬。那天下着小雨，在一条社区边安静的小路旁，一个娇小的女孩诚心诚意地对着她的乘客离去的方向深深地弯下腰去。这个场面让我当时就相当地有感触，平平静静地就定格在我的记忆中。

很多人都觉得日本人礼数太啰嗦。我亲身经历的这次交接班的过程也很可能会让你觉得过分的复杂和矫情。我也无意推崇某些具体的做法，我甚至也觉得更多的客套话和没完没了的鞠躬其实已经不太适合这个快节奏的时代。

可是我感动于这个无人看见的鞠躬。这让我觉得，职业的操守、行为的准则不是遵守给别人看的。如果你没有从心里理解和接受一个做法，你就没有办法发自内心地把它做得透彻到位，别人监督的时候当然可以很好地表现，没有人看见的时候呢？是否也能同样地好自为之？其实，我们的操守教育也好、诚信教育也好，就是期待能看到大家在人前人后都能以一贯的标准要求自己吧！

没人看见的时候，你也会鞠躬吗？

13

生活中，常常能看到这样的女人。天不亮就满城跑的送报工，满面尘土的垃圾工，摇着拨浪鼓收破烂的师傅，被城管撵得到处跑的水果小贩……她们身份卑微，为了一份微薄的收入兢兢业业。她们又无比崇高，为了孩子，胸腔里藏着震惊世界的力量。

那些卑微的母亲

□ 卫宣利

晚上，和朋友一起去吃烧烤。我们刚在桌旁坐下，就见一个老妇提着一个竹篮挤过来。她头发枯黄，身材瘦小而单薄，衣衫暗淡，但十分干净。她躬着身子，表情谦卑地问：“五香花生要吗……”彼时，朋友正说一个段子，几个人被逗得开怀大笑，没有人理会她的问询。她于是再一次将身子躬得更低，脸上的谦卑又多了几分：“五香花生要吗？新鲜的蚕豆……”

她一连问了几遍，却都被朋友们的说笑声遮住。她只好尴尬地站在一旁，失望和忧愁爬满了脸庞。我问：“是新花生吗？怎么卖呀？”她急慌慌地拿出一包，又急慌慌地说：“新花生，三块钱一包，五块钱两包……”我掏了五块钱，她迅速把两包花生放在桌子上，解开口，才慢慢退回去，奔向下一桌。

每次去逛超市，都会看到那个做保洁的女人，也有五十多岁了吧，头发灰白，晒得黑红的脸膛上布满细密的汗珠，有几缕头发湿湿地贴在脸上。她总是手脚不停地忙碌，在卫生间，在电梯口，在过道。她弯着腰用力擦着地，超市里人来人往，她刚擦过的地，马上就被纷至沓来的脚步弄得一塌糊涂。她马上回过头去，重新擦一遍。

有一次，我上卫生间，正好碰到她。她的头垂得很低，看不到脸上的表情，只看见她的两只骨骼粗大的手，捏着衣角局促不安地绞来绞去。那双手是红色的，被水泡得起了皱，有些地方裂开了口子，透着红的血丝。她的对面站着一个年轻的男人，看样子是超市的主管，那人语气凛凛地训斥她："你就不能小心点？把脏水洒在人家衣服上，那大衣好几千块呢，你赔得起吗？这个月的工资先扣下……"她就急了，伸手扯住那人的衣袖，脸憋得通红，泪水瞬间涌得满脸都是。她语无伦次地说："我儿子读高三，就等着我的工资呢，我下次一定小心……我慢慢还行吗？可不能全扣了呀……"她几乎就是在低声哀号了。

逛街回来，遇上红绿灯。我们被交通协管员挡在警戒线内，等待车辆通过。这时，马路中间正行驶的车上，忽然有人扔出一只绿茶瓶子。瓶子里还有半瓶茶，在马路上骨碌碌转了几个圈，眼看就要被后面的车辗住。忽然，就见我身旁一个女人，猛地冲过交通协管员的指挥条，几步跳到马路中间，探手捡起那只瓶子，迅速塞进身后的蛇皮袋里。她的身后，响起一大片汽车尖锐的刹车声，司机气急败坏地冲她嚷："抢什么抢，不要命了？"

她一边赔着笑往后退，一边扬起手中的瓶子冲着我们这边微笑。我回头，这才看到，我身后还有一个衣着破烂的男孩儿，也竖着两根手指在冲她笑。母子俩的笑容融聚在一起像一个温暖的磁场，感染了所有的人。我明白了，她是一个贫穷的母亲。那个水瓶，不过一两毛钱，可对她而言，可能是一个做孩子晚饭的烧饼，或者是一包供孩子下饭的咸菜。

生活中，常常能看到这样的女人。天不亮就满城跑的送报工，满面尘土的垃圾工，摇着拨浪鼓收破烂的师傅，被城管撵得到处跑的水果小贩……她们身份卑微，为了一份微薄的收入兢兢业业。她们又无比崇高，为了孩子，胸腔里藏着震惊世界的力量。

她们有一个共同的名字：母亲！

14

他说他感谢那位素不相识的老大爷，在那个严冬里，温暖了他的脚，也温暖了他的心，更温暖了他的人生。

温暖来自路上

□周　洋

他，有着主持人、演员、歌手的多重身份。而且他从一个打工仔熬到一个风光无限的主持人，经历了太多鲜为人知的辛酸。

有一年冬天，他在外打工——在大大小小的酒吧唱歌赚钱，临近春节，他准备回家过年了。北方，寒气袭人，他在火车站排了一晚上的队，买了一张回上海的站票。

火车站里，人山人海，归心似箭的人们行色匆匆。他扛了一卷行李随着向前涌动的人群不由自主地挪动着脚步。过了检票口，如同扑食的狼群一样，人们一齐涌向了火车上车口。他抱着行李踉踉跄跄地挤到门口，好不容易爬上了火车。

车厢里人满为患，水池上，厕所里都是人，恶浊的空气令人作呕。打开窗户透一透气吧，凌厉的寒风扑向汗津津的脸庞，刀划一样尖尖地疼。他在过道旁拣了一块一尺见方的空地把行李放下，然后坐在行李上不由得打起了盹。

在火车“吭哧吭哧”的车轮声中，夜色渐渐地深了。他似睡非睡地将就着，突然感到双脚冰凉，两条裤管被风吹得鼓鼓的。迷迷糊糊中，他想起了自己的行李卷。为什么不把双脚伸进行李中呢？想到这里，他用脚挑开一个口子，伸了进去。果然很暖和，像儿时在冬夜钻进父亲的被窝里一样。

就这样，他随着火车摇摇晃晃地在周围此起彼伏的打鼾声中睡着了。

不知过了多久，火车加速时车厢猛地一晃，他差点从行李上栽倒。突然间，他感觉到自己的双脚好像在一团肉里，暖暖的，柔柔的。他清醒过来，定睛看时才知道，自己的双脚竟然伸在了一位老大爷的脊背里。定是他把老大爷的领口当作口袋，把脚伸了进去。晚上，老大爷始终保持着一个姿势，用身体温暖着他的双脚。那该多凉啊！他的心猛然一揪，眼圈一下子就湿润了。老大爷看见他醒来了，看着他内疚的表情，慈祥地笑了，说：“娃儿，醒了！到哪里啊？”于是，他和老大爷像亲人似的聊了起来，下车后他才想起竟忘了向老大爷说一声“谢谢”。

时至今日，他在节目里讲起这件事时，眼圈还是红红的。他说他感谢那位素不相识的老大爷，在那个严冬里，温暖了他的脚，也温暖了他的心，更温暖了他的人生。他就是戴军。

雪中送炭是一种高尚，舍己为人就是一种伟大。肯用自己的体温温暖一个不相干的人，又该是一种怎样的担当呢？记住这个故事，记住那一方暖人的脊背。

15

儿子用他小小的心告诉我，我们没有必要失落和绝望。我们失去的同时，也在得到更多。

爱的早餐

□ 常晓颂

终于离了婚，但我的元气也在离婚大战中大受损伤。儿子今年九岁，他好像明白家里发生的一切。看我哭泣，他静静地站在我的身边。我知道，我该坚强，儿子还小，这个家还需要我去遮风挡雨。但是，屋漏偏逢连阴雨，我的工作也开始不顺起来。我是做保险业务的，一连一个多月，我没有做到一个单子。这就意味着，我和儿子的日子将会更加清贫。

看着儿子一个人默默地在玩他的滑板车，我忽然有了一个绝望的想法，把儿子给那个负心的人送去，我就……一个晚上这样想着，我昏昏地睡去，儿子也没顾上管。

听到儿子叫我的声音时，天已经亮了。儿子站在我的身边，像是一个小大人，我慌忙起床。再绝望，也要给儿子做好一顿早餐。儿子微微地笑着，神秘地说："妈妈，你闭上眼睛，我给你看一样东西。"什么？我们已经很久没有玩过这种闭上眼睛找东西的游戏了。

儿子牵着我的手来到客厅，等我站定了，他才大声地宣布："妈妈，可以睁开眼了！”我睁开眼，顿时惊呆了，桌子上摆放的，是儿子做的早餐：一份拌黄瓜，两碗鸡蛋汤，两个馒头。儿子很熟练地拉开椅子，把筷子递到我手里，学着我的样子说：“妈妈，吃饭了。今天你要负责洗碗呀，我可累了。”

瞬间，我的眼泪流了下来。九岁的儿子以前什么也没有干过呀，可此时，他像个男子汉一样呵护着我。我不知道他这一切是怎样做的。细细一看，一盘黄瓜大的大小的小，放到嘴里一嚼，没有一点味道，忘了放盐；鸡蛋汤还是黄澄澄的，稀稀的——还没有熟；昨晚的馒头放微波炉时间长了点，被烤得很硬。不过，我还是狼吞虎咽地吃了起来。儿子仰头看着我：“妈妈，慢一点嘛。以后我会好好照顾你的！”

五味品咂，我觉得这是我吃到过的最美味的早餐。儿子用他小小的心告诉我，我们没有必要失落和绝望。我们失去的同时，也在得到更多。有阴雨，就必定有阳光灿烂。

16

母亲得知这个消息的时候，激动得放下手中的瓶子，感叹说：“出来拾荒这几年，总算熬出头了。”

我家最富有的时候

□ 刘艳杰

我家最富有的时候，是母亲出外拾荒的那五年。

1999年秋，父亲猝然离世，家里的重担落在母亲一个人的肩膀上。母亲简单地料理完父亲的丧事后，没几日，我接到河南师范大学的录取通知书。记得我上学的前天晚上，母亲一夜没合眼，第二天，给我凑足四千块钱学费。我接过钱，没敢瞅母亲一眼，勾着头，嗫嚅着说：“娘……你……”。母亲说：“家里的事情你甭操心，有娘在呢，只管把书念好，毕业了找份工作，有个窝儿，成个家，娘就安心了。”

母亲去了亳州拾荒。

大一那年暑假，我去了趟亳州。母亲住在一间简易房里，泥土垒的砖墙，石棉瓦铺的房顶，四面透光。一辆褪了颜色的脚蹬拉车，横靠在屋门左侧，右侧堆积着还没来得及卖掉的五颜六色的破烂。走进屋，一张木床占据了大半空间。木床一头，蹲着一口铁桶糊的锅灶，旁边的墙壁上留有一个半尺见方的窟窿，里面放着碗、筷子以及油盐酱醋瓶。“娘，你咋住在这个地方？”“傻孩子，娘住这房子咋啦？一个月才30块钱，在外讲啥，能有个睡的地方就不错了。”光天化日之下，我学着母亲，目光游弋在路边的站台、垃圾桶及人群聚集的地方。我弯腰捡易拉罐，抬头的瞬间，我的脸灼人地烫——大学里同系的一位女孩无意间发现了我。母亲看了看女孩，瞅了瞅我，似乎察觉到我的窘相，忙用身体遮挡女孩的目光。

女孩躲过母亲的身体，好奇地和我搭讪：“你怎么在这儿呀？她，她是……”我语塞：“我……我……”

母亲赶快打圆场，微笑说：“姑娘，他在做好事呢，我和他刚认识不久。”女孩“哦”了一声：“原来是这样呀。”

我承受不了母亲为我编造的美丽的谎言，直言不讳对女孩说：“不，她是我娘！出来拾荒一年了。”

母亲带我转悠几条街，便把拉车停在一家小区的门前，让我守候。

母亲提一只蛇皮袋，一手攥把镰刀，伸头向小区张望一下，便走了进去。母亲来到楼下的垃圾池边，费力跳进去，然后用镰刀拨弄、扒拉臭气熏天的垃圾。半个时辰后，母亲满脸堆笑向我走来。这时，一名保安倏地截住母亲的去路。保安歪着嘴巴，叼根烟，蛮不讲理地说：“把你袋子里的东西倒出来！”母亲吓得半弯着腰，抬头仰视保安，迎笑道：“这是……我……我捡的。”

保安面部狰狞，朝地上唾了一口痰，瞪母亲一眼，怒吼：“我们小区里的破烂有专人捡，懂吗？乡巴佬！”保安一把抢过母亲的蛇皮袋子，拎住袋子的底角，往上猛提，再使劲左右摇晃，袋子里的破烂呼啦啦淌了一地。母亲眼巴巴看着自己辛苦捡来的宝贝，被保安倒了一地，一步三回头离开了小区。

回到租住的地方，母亲似乎忘记刚才委屈的一幕。我心情沉重地说：“娘，你经常碰到这种事情吗？”母亲笑着说：“出门在外就这样，哪有事事顺心哩？什么人的脸色都得看，不过还是好人多呢。”

我深信母亲的话。

这天，我和母亲起得很早，每人吃了一个馍，喝一碗稀饭就出发了。巧了，有一户搬迁人家让我们帮他收拾清理出来的垃圾。我和母亲捡得满头大汗，瓶子罐子纸箱子叮叮咣咣的堆满一拉车。阳光下，母亲伸出三个手指头向我示意，我知道母亲的意思——今天可以确保30块钱收入。我只顾卖力往前蹬车，母亲突然喊住我说：“停！”

哦，原来到了横在马路上的一道斜坡前。母亲把我替换下来，弓着脊梁往前蹬，我在车后用力推。当拉车即将越过一个斜坡时，着了魔似的不动了，我不敢掉以轻心，稍有意外，可能造成翻车的危险。

我和母亲与车僵持一分多钟，这时拉车后面突然出现一位中年人。中年人弓着腰，口中喊着“一、二、三，使劲”，在中年人的帮助下，拉车终于越过了斜坡。我和母亲慌着给中年人道谢。中年人紧紧握住母亲脏兮兮的手说：“不用谢，大姐，你是最富有的。”中年人又拍了拍我的肩膀说：“小伙子，你是好样的。”中年人跟我和母亲摆摆手，回头进了宝马车……

大学毕业那年，我有了女朋友，女朋友是我第一次帮母亲拾荒时偶遇我的那位女孩。一年后，我被免试进入一家大型企业做项目主管，这家企业的老总是当年帮母亲推车的那位中年人。母亲得知这个消息的时候，激动得放下手中的瓶子，感叹说：“出来拾荒这几年，总算熬出头了。”

夕阳余晖下，母亲核桃壳似的脸上，泪水肆意流淌……

17

小伙子告诉我，奶奶前臂受了伤，裹着绷带，重复着几句话：“死的死了，谁也没办法，活着的人还得活着。”

没有哭泣没有欢笑的婚礼

□ 张雁灵

抗震救灾中，我担任第二军医大学赴川医疗队总领队，几次进出北川。在北川县城，一眼望去，新旧城区连为一体，是整片的废墟。北川县周边几个乡镇是同样的惨状。在每个重灾区，军人、武警人员、救灾队伍、志愿者都紧张地想尽一切办法挖人。人群中，有许多北川人，他们脸上表情平淡，几乎没有人嚎哭，你不问，他们从不向你诉说他们的遭遇，他们之间也不互相诉说各自生还的缘由，因为北川人都是这场灾难的受害者。

电视上报道过绵竹一对新人在帐篷里举行了婚礼。我在北川擂鼓镇上也看到过这样一对情侣。震前他们订了婚期，时间是5月18日。请柬发得早，他们决定婚礼如期举办。新房是印有“民政救灾”字样的帐篷。双方长辈原来是8位，很齐全的双方爷爷、奶奶、父亲、母亲，现在只剩下两位了。亲朋好友到来的不足原定的五分之一，因为有的人埋在地下，有的人失踪了，有的人在医院里。

新郎小伙子22岁，羌族，他说：“这个日子是双方父母生前商定的，请人预测过，是个好日子，还是按老人生前定的办吧。”新娘操一口纯正的四川话说：“这些天余震不断，还会不会再有大震谁也说不准，我们俩有幸活下来，就把婚结了吧。”帐篷上贴着“喜”字，“新房”前有从山上采来的几束鲜花。

“我姐姐说要来的，她住在安县茶坪，她让解放军给带来口信，她受了轻伤，下不了山。她来不来不重要，只要活着就好。”小伙子告诉我，奶奶前臂受了伤，裹着绷带，重复着几句话：“死的死了，谁也没办法，活着的人还得活着。”

婚礼开始了，结束了。没有人哭泣，也没有人欢笑。

18

女孩用自己稚嫩的肩膀，把最不“顺便”的责任，“顺便”承担下来……

顺便的爱，最好的爱

□ 鲁小莫

那段时间她生病住院，来看望她的人很多，亲戚、朋友、下属……她不得不打起精神，一一应对。

每一位来访者，嘘寒问暖，嘱咐她安心养病。她应着。知道大家都很忙，耽误了别人的时间，她感觉抱歉。目光在来者中逡巡，她看到一个十三四岁的女孩，垂着双手，有些羞涩地站着。

她想起来，来医院那天，下车时，女孩正好从车旁经过。虽然女孩两手空空地来看她，还是有温暖，轻轻掠过她的心。

女孩是她赞助的一名贫困女生。那时候，她刚开了一家美容院，女孩的资料是从报纸上看到的：父母在一场事故中去世，女孩与奶奶相依为命。一对一的赞助方式，是每年付出1200元钱。她有些怜惜女孩，决定赞助她。可在给女孩送钱的过程中，她从班主任那里了解到，女孩常常迟到。原来，女孩和奶奶住在郊区的一间地下室，离学校距离远不说，地下室里阴暗潮湿。她想起了自己的另一套住房。房子很小，一室一厅，是当年和爱人刚来这个城市时买下的。后来，他们搬进海边的别墅，嫌出租麻烦，小房子就一直空着。她当即决定，让女孩和她奶奶搬进这套小房子里。

一年1200元钱的赞助费，对她来说不过一件衣服、一顿饭钱而已；让出房子，既方便了女孩，房子又有人照顾，一举两得。可作为一名商人，她懂得，任何行为都可能蕴含商机。她与电视台的朋友一起策划，于是人们在电视节目中，看到了这样令人感动的一幕幕：

女孩在潮湿的地下室里，瑟瑟发抖；女孩和奶奶搬进新房子，欣喜无比；女孩接过她手里的钱，流下感动的泪水；她和女孩母女一样促膝交谈……

节目录制得很成功。播放后，许多观众在电视机前流下眼泪。很长一段时间，美容院的营业额直线上涨。爱心也能创造价值，她在心里暗暗叫好。

如今，她很想对女孩说点什么，比如，问问成绩，或者生活得怎样？可女孩被挤在一群人后面，像一朵最不起眼的小花。她也就闭了嘴。朋友们走了，女孩也走了，自始至终都没有说一句话。

她没有想到，第二天清早，她刚起床，女孩像一只小猫，轻手轻脚地走来，手里拎着一只保温桶。她还没开口，女孩先笑了，说，阿姨，喝点粥。打开保温桶，一股清香溢出来：白米，红豆，大枣，莲子……酽酽的八宝粥袅袅冒着热气，她的肚子在那一刻咕咕叫起来。

每天早上女孩都来送粥，这给她带来了极大的便利。早上，爱人要照顾儿子，又要送儿子去幼儿园，忙得不可开交。女孩的参与，直接帮他们家解决了一大难题。可她隐隐不安：学生时间紧张，她耽误女孩太多时间了吧？

女孩却安慰她，阿姨，不碍事的，医院在家和学校中间，我顺路；我也要吃早餐，给您送来，只是顺便而已……

随着住院时间的延长，来看望她的朋友越来越少，她不抱怨，只是心里滋生了越来越多的寂寞。倒是女孩，不离不弃，每天早上准时到来，拎着香喷喷的八宝粥。她问，你奶奶好吧？女孩点点头。她问，期中考试考完了？考得怎样？女孩脸上飞过一抹红晕，说，别的科还行，就是英语，不太理想。她有些着急，说，抓紧时间补补呀！女孩点点头，脸更红了。

她的身体恢复得挺好，那天她醒得早，醒来后感觉神清气爽，穿衣下床，信步走出来。再过两天就要出院了，她想去女孩那里看看。路程不太远，十分钟就到。抬手准备敲门，她笑了，这是自己的房子，自己有钥匙。把钥匙插进锁眼，门开。女孩在餐桌前，见了她，“呀”一声，赶紧站起来。

走进来，四下环顾：屋子有些乱，被子在床上没有整理；小小的餐桌上，半块馒头，一碟咸菜，旁边还摊开一本英语书。女孩在边吃边学。她问，奶奶呢？女孩说，奶奶身体不太好，被叔叔接回老家了。她诧异地看看女孩，走进厨房。厨房里，砂锅在火上“咕咕”响着，打开盖子，她一眼看出来，半砂锅的八宝粥，不多不少，正是每天送给她的数量。

一种说不清的滋味在心里溢开。转过身，看着这个十四岁大的女孩，想起女孩的话：阿姨，我只是顺便而已。她的眼睛慢慢湿润了。曾经，她把最“顺便”的事，做得最不“顺便”；而女孩用自己稚嫩的肩膀，把最不“顺便”的责任，“顺便”承担下来，却让她心安理得地享受着。

羞愧在心里席卷而来。拥住单薄的女孩，仿佛有丝丝春雨，轻轻涤荡她的心。

19

忽然想起一句犹太人的谚语：父亲给儿子东西的时候，儿子笑了；儿子给父亲东西的时候，父亲哭了。

儿子笑了　父亲哭了

□ 庄立民

我上床的时候是晚上11点，窗户外面下着小雪。我缩到被子里面，拿起闹钟，发现闹钟停了——我忘买电池了。天这么冷，我不愿意再起来。我就给妈妈打了个长途电话：

“妈，我闹钟没电池了，明天还要去公司开会，你6点的时候给我个电话叫我起床吧。”妈妈在那头的声音有点哑，可能已经睡了，她说：“好，乖。”

电话响的时候我在做一个美梦，外面的天黑黑的。妈妈在那边说：“小桔你快起床，今天要开会的。”我抬手看表，才五点四十。我不耐烦地叫起来，“我不是叫你6点吗？我还想多睡一会儿呢，被你搅了！”

起来梳洗好，出门。天气真冷啊，漫天的雪，在站台上我不停跺脚，旁边站着两个白发苍苍的老人。我听着老先生对老太太说：“你看你一晚都没有睡好，早几个小时就开始催我，现在等这么久。”

终于车来了，我上车。开车的是一名很年轻的小伙子，等我上车后就轰轰地把车开走了。我说：“喂，司机，下面还有两位老人呢，天气这么冷，人家等了很久，你怎么不等他们上车？”

那个小伙子很神气地说：“没关系，那是我爸爸妈妈！今天是我第一天开公交，他们来看我的！”我突然就哭了。我看到爸爸发来的短消息：“女儿，妈妈说，是她不好，她一直没有睡好，很早就醒了，担心你会迟到。”

忽然想起一句犹太人的谚语：父亲给儿子东西的时候，儿子笑了；儿子给父亲东西的时候，父亲哭了。

20

家里的电话正在疯狂地响，她扑过去，一把拎起来，就听到他在那头喊：丫头，你没事儿吧？别怕，我马上回去，你赶快下楼，跑到安全的地方……她握着话筒，泪流满面……

原来我那么爱你

□ 卫宣利

那时候她正不堪，父亲去世，事业受挫，婚姻破裂，人生的不幸赶着趟儿地朝她砸过来，她疲于应付，心力交瘁，整个世界在她眼里尽失颜色。

好在，她还年轻，人又长得一朵花似的漂亮而妩媚。离婚不久，就有单位的大姐要给她牵红线。她并不推辞，这也许是能缓解她的困境的最俗但也最实际的法子。

认识了他，一家公司的老总，车房兼备，前妻病故，人黑且胖。他有她要的安稳富足的生活，她有他要的才情美貌，双方各取所需，就结了婚。她不再出去工作，在家里尽一个妻子应尽的责任。他也宠着她，为她家翻新了房子，送她小弟读最好的大学。

她接受他对她的好，却对他爱不起来。像所有相敬如宾的夫妻一样，他们只是搭伴过日子的伙伴而已。她的心像一座小小的城堡，从不曾为他开启过。

那天和平时也没什么不同，初夏的阳光灿烂，微风轻拂，她躺在柔软的床上好梦正酣。突然，床开始摇晃，她从梦中惊醒，头一阵眩晕，紧接着就看见天花板上的灯在猛烈晃动。她心里一惊，马上意识到：地震了！

她从床上跳下来，穿着睡衣，赤脚就往外跑。楼梯上已经聚满了往外跑的人，她随着人群往下跑，跑了两层，忽然想起没拿手机，又返回去，抓起手机，一边往外跑一边拨他的电话，打不通，他的手机没有信号。她的心一下子提到嗓子眼，她忽然想到，这个时候，固定电话可能会好一些。她马上又飞快地跑回去，楼道里空无一人，整幢楼还在轻微地摇晃。不敢走电梯，她一个一个台阶往18楼爬，头上不断地冒冷汗，腿在发软，到最后，她几乎是手脚并用爬回家的。

家里的电话正在疯狂地响，她扑过去，一把拎起来，就听到他在那头喊：丫头，你没事儿吧？别怕，我马上回去，你赶快下楼，跑到安全的地方……她握着话筒，泪流满面，好久，她才哇地哭出来……

她第一次感觉到，这个人，对她那么重要。

21

这些卑微的父母，给予儿女的全都是比山高、比地厚的大爱！

卑微的父母，厚厚的爱

□ 徐立新

去一公办小学检查文明创建时，正值放学的高峰，我看见许多父母都开着各式各样的私家车来接孩子，最起码的也是摩托车和电动车。

与此同时我也看到了一辆格格不入的三轮车，上面还放着一个写着“收购二手家电”的招牌。原本以为，坐在车上的男人是来收购废品的，不曾想，男人竟然也是过来接自己孩子的。他说：现在政府的政策放宽了，在城里打工的民工子女同样也能进入公办学校读书，自己每天都要用三轮车接送孩子，可高兴了！

一会儿，一个胖乎乎的小孩跑了过来，说：爸，咱们走吧。之后便呼啦跳上了三轮车。男人则一边摇着手中的鼓开道，一边说：儿子，你可要抓牢了，我踩快了。

看到这对父子远去的背影，我突然觉得，自己见到了一次最高贵的“专车”接送！

金寨路高架桥下，有许多流动的小摊小贩，都卖些譬如旧书刊、皮带、钥匙串等小东西。因为喜欢淘旧书，我常在晚上光顾那里，每次去时，都能看见一个卖光碟的母亲带着自己的女儿，母亲在前面照看着生意，女儿就趴在后面一个小小的凳子上写作业。那张凳子已经相当旧了，母亲就弄了一块棉布，将它绑到凳面上，好不伤着女儿嫩嫩的小手。

那位母亲告诉我，女儿的父亲和她离婚了，自己又没有正式工作，只能做点小生意，养家糊口。晚上不放心把女儿一个人放在家里，把女儿带在身边，她要是有不会做的题目，还可以问自己。

说话的当口，女儿果然有不会的题目，要求妈妈过去帮忙，母亲赶紧放下手中的活，走了过去，小小的凳面，两个一大一小的头，紧紧地靠在一起。

我想，那张甚至不能称之为“书桌”的书桌，因为有母爱的熨贴，应该满是温暖吧！

在我所在的城市城郊外，有一群每夜都在路边等候着给来往的货车扛包的“蚂蚁民工”，他们每扛一袋近50公斤重的水泥，只有两毛钱的报酬。

一次采访中，我见到了他们其中的一位——一个40多岁的母亲。她说：儿子去年参加高考，只考了200多分，因为觉得城里的教学质量比乡镇上的要好得多，所以今年让儿子到城里来复读，自己也跟了过来陪读，帮儿子洗洗衣服，做做饭，好让他一门心思读书。

那位母亲还说：自己已经扛了半年的包，挣点钱，好让儿子能吃好些。漫长的等待，沁人心脾的寒冷，还有肩上沉重的货物，瘦弱的她居然一点儿不觉得苦。

每每想起这样的陪护，我都情不自禁想流泪。这些卑微的父母，给予儿女的全都是比山高、比地厚的大爱！

22

男人看不见了，我却看见了感人的一幕：女人竟然斜跪在屋顶上，用柔弱的双手，紧紧握住竹梯。

屋顶上的爱情

□ 刘恒菊

我住在二楼，书房窗口，正对着一家平房的屋顶。

一个夜晚，刮了大风。早晨起来，进书房时，我看见对面平房屋顶上，一个男人正弯腰忙碌着。他家屋顶盖的是石棉瓦，昨夜被大风吹得乱七八糟，他正努力试图盖好它们。

屋顶的一边，檐口处高高地露着一截竹梯。男人正专心地应对石棉瓦的时候，我突然看见竹梯上攀上来一双女人的白手。紧接着，一个秀美的面庞从檐口露出来。我正惊叹女人的美丽时，女人却充分展现了她的勇敢，努力拱了拱身子，竟然攀爬上来了。

男人下意识地一回头，看见女人，就大惊失色地喊道：“谁叫你上来的？这是你能上来的吗？跌着怎么办？”说着，男人竟然解下脖子上的围领，去给女人掸灰，还哄劝女人：“我一会儿就弄好了，你赶快下去！”女人说：“你毛手毛脚的，我怕你盖不好，下大雨，家里就要漏雨了。”

女人要上前帮忙，男人说什么也不肯。她只好在一旁口头指挥男人，教他应该怎样去盖。女人的目光的确厉害，在她的吩咐下，一片片石棉瓦，被男人服服帖帖地盖在屋顶上。

看着对面屋顶上的两张面孔，我感到男人是幸福的，有这么一个美丽、爱家、踏踏实实跟他过平淡日子的妻子，人生何求？其实，女人也是幸福的，男人虽不富裕，却很温柔，没见他对女人那么体贴入微吗？

石棉瓦盖好后，女人要从梯子下去，男人慌忙拦住她说：“别忙，我先下去给你扶梯子，竹梯子容易滑，要是滑倒就坏了！”女人说：“你就不怕梯子滑吗？”男人自信地说：“我块头大，能压住，再说我有经验嘛。”说着，男人就抢着先下去了。

男人看不见了，我却看见了感人的一幕：女人竟然斜跪在屋顶上，用柔弱的双手，紧紧握住竹梯。她竟然在屋顶上替爱人扶紧梯子！

假若竹梯滑倒，女人就会跟着摔下去，不知道女人想过没有？我只看见她紧紧握着竹梯的一头，咬着牙，不松手。男人一定在低头专心下梯子，没注意到梯子的另一头，正传来女人绵绵的关爱！

一会儿后，女人也下去了，竹梯被撤走了，屋顶上的爱情顷刻间踪迹皆无。但屋顶下的爱情，在每个平凡的日子里，一定都是清香宜人的！

23

弟弟将信封拆开，愣怔片刻后，号啕大哭。

兄　弟

□ 周海亮

从兄弟俩接到录取通知书那时起，弟弟的心再没平静过，他知道，哥俩只有一个人能如愿。

哥哥说：明天一早，比赛决定吧！

是赛跑，在一条偏僻的土路上。小时候兄弟俩曾经千百次跑过那条土路，哥哥有豹子或者风的速度。哥哥要用看似平等的方式拿走机会？弟弟却点头同意。因为这次，他相信自己可以赢。

第二天，太阳刚刚升起，哥哥一声令下，兄弟二人迎着太阳冲了出去。两张录取通知书装在一个信封里，压在终点线上。

哥哥真的像一只豹子或者一阵疾风。弟弟拼尽力气，距哥哥仍有两步之遥。但弟弟知道，哥哥将在接近终点的地方摔倒，然后他抢先抓起那个信封。夜里他在土路上挖了条暗沟，在上面盖上了树枝和泥土。这游戏他在儿时玩过千百遍，从未失手。

果然，哥哥的身体突然一歪，扑倒在地，脚踝发出清脆的响声，弟弟毫不犹豫地从哥哥头顶上跃过。

弟弟正要冲向终点时，脚却突然被紧紧钳住，他就像哥哥一样摔倒在地。抱住他的，当然是哥哥。倒在地上的哥哥用了漂亮的鱼跃将他掀翻，迅速爬过终点。

哥哥坐在终点，喘息着拿起信封。哥哥的手一扬，信封飘落在弟弟面前。哥哥站起来，一瘸一拐地走向村子。

弟弟将信封拆开，愣怔片刻后，号啕大哭。那里面除了他的录取通知书，只有一张纸条：输者，念大学。

24

仿佛那个手势，带着一种直入人心的温度。

温暖的手势

□ 包利民

1

有那么一段日子，似乎是永无尽头的黯淡与落寞。当时栖身的小城，绿荫掩映，暂时居住的那条小街，那时开满了丁香花。只是每天垂头来去，竟忽视了这份美丽。有时沿街遇见那些来来往往的人，还有着一份无由的厌恶，仿佛什么东西入了我眼，都变得丑陋无比。

渐渐地我注意到一个八九岁的男孩，他经常出现在路旁一所破旧的小二楼的阳台上。每天早晨我去上班，经过时，他都会站在那里直直地看着我，然后两手平放在腹部，掌心朝上，向上抬起，至胸口再放回腹部，如此反复，如同练气功的姿势一样。晚上回来也是如此，本来心里够烦，一见这孩子莫名其妙的举动，更是说不出的讨厌。

越是讨厌反而越是下意识地强迫自己去看他，觉得这个孩子可能智商有问题，好像没有上学。我觉得街坊们应该知道他的情况，但却懒得打听，而且，邻居们和我，就如熟悉的陌生人，从未说过话。渐渐地，也便对那个男孩熟视无睹。虽然，他每天还在我路过时，直直地看着我，做着奇怪的动作。

秋天的时候，我要离开小城了，去面对一个新的艰难的开始。忽然莫名地对这条美丽的小街，对那些一度觉得庸碌的人，生起一种亲切感。也许要告别这一段，才会蓦然涌起这种思绪。毕竟，回望时，也算是一个足迹。

离开那天，走上小街，便有了一种全新的感觉。那个孩子依然站在阳台上，还是不变的动作，仍是那样看着我。忽然有了怜悯之心，便在楼下喊他，他表情动作都没有变化，旁边摆小摊的一个大娘对我说："别喊了，听不见，又聋又哑的孩子，可怜啦！"原来如此，回头看了那个孩子很久，才离去。

多年后的一天，为写文章查一些关于手语的资料，忽然就看到了一个熟悉的手势，心中刹那间如起了雾一样，千里之外的那个小城再度清晰，开满丁香花的小街，那个聋哑男孩。忽然有了流泪的冲动，忽然明白了那个男孩为什么一直看着我。电脑上，那个手势的动画旁，注明着解释，那就是"快乐"。

2

还认识一个有残疾的孩子，是个女孩，八九岁的年龄。她父亲是街角修鞋的，她就在父亲身后呆呆地站着或坐着。这个孩子智力发育缓慢，才有两三岁孩子的智力。他父亲很辛苦，大夏天还要坐在阳光下修补顾客留下来的鞋。

街上行走的女人们都打着遮阳伞，依然热得汗流满面。而女孩的父亲干着活，头发像水洗了一样。这天，女孩不知从哪儿捡来一把破得不像样子的雨伞，举在父亲的头顶。那伞基本挡不住阳光了，可是她一直在那儿举着，父亲让她到墙角的阴凉处玩儿，她也不走开。当我经过时，看见她小脸晒得通红，而他的父亲，却是满脸的幸福，虽然阳光依然直射在他的身上。

那许多日子，都是大晴天，火热，女孩每天都举着伞站在父亲身边，那伞已经越发破烂了，只剩骨架在那里。有时女孩胳膊累得不行，就把伞柄抱在怀里，立在父亲低俯着的头顶。一般这个时候，父亲会放下手中的活儿，抱着女儿躲进墙角的阴影里，给她揉胳膊和腿。

秋天和冬天的时候，女孩手中的那把伞早已不知去向。特别到了冬天，她也跟在父亲后面，不停地跺脚。有时看见父亲冻得发抖，便会上前，两手举起，就像打伞的样子，然后觉得不对，又放下来，满脸的困惑。这个孩子，她只知道热时为父亲打伞，冷时却不知该怎么办。

有时我从路上匆匆而过，看见女孩在冰天雪地里，站在父亲身后，把手举起又放下，心里便会温暖起来。仿佛那个手势，带着一种直入人心的温度。虽然是智力低下的孩子，可是在他们简单的生命中，却把那份最高的爱，通过这样一个姿势完美地表达出来。所以，她永远是一个可爱的宝贝。

25

看了信，我的眼眶湿了，为父亲对人的信任，为小偷的迷途知返——我感到了一股来自心底的感动与温暖。

与温暖相遇

□罗　宇

父亲带我去大学报到。从村子到省城需3天，期间要步行、坐火车、乘汽车，还有公交车。父亲十分小心，几乎每隔10分钟就会查看一下缝在裤脚里的钱是否还在，也不和陌生人说话。尽管如此，钱还是在最后一段行程上丢了。

回忆起来应该是在公交车上，因为只有半小时就到学校了，父亲很兴奋就放松了警惕。紧挨父亲坐的是个和我一般大的小伙，和父亲聊得很投机。下车时他帮我们搬了行李才离开。事后想想，他是在那时候趁乱下的手。因为，父亲总频频地看裤脚，这无疑是“此地无银三百两”。

负责收费的学校工作人员看看排着老长的队伍，不耐烦地催促，父亲快哭出来了，他说：“同志，怎么办，5000元钱啊，我们借了一个月才凑到的！”我拉着父亲的胳膊：“我们顺原路回去找找。”

找了一下午，没有奇迹出现。晚上，父亲居然奢侈地买了瓶5元钱的二锅头，一饮就是半瓶。我夺下酒瓶吼他：“你这是干嘛，不要命了！”他一头趴在桌上哭了。

翌日一早我就出去了，中午回来发现父亲不在。正疑惑着他会去什么地方，两个旅客的谈话飘进耳朵："那老头真傻，人家好不容易得手了，怎么可能把钱还给他呢。""就是，小偷要有良心怎么会做小偷，他这是白等了。"

我忙出门找，在昨天下公交车的地方围了很大一圈人。拨开人群，父亲竟然在里面。他没有哭天抢地，也没有喋喋诉苦，只是笔直地站在那里，脚前是一张白纸，上面有他歪歪扭扭的毛笔字：孩子，我知道你一定有自己的苦衷，可这钱对我太重要了，请你把钱还给我，叔可以换种方式帮你。

我觉得难堪极了，抢上去收了他的纸，数落着："用脑袋想想，小偷要是会把偷来的东西还回去，他靠什么过活？"父亲却说："哪有人生下来就是坏的，人家一定是遇到困难了。就像我，现在我还想去偷去抢呢。"

父亲又去车站了，和昨天一样，他不说话。纸上换了内容：我老家在四川农村，很穷。为了送娃上大学，我跑了东家跑西家，才凑足了5000元钱。

简直不可理喻！这样和小偷拉家常就能感动他吗？或许他这里得了手，早将钱财挥霍一空又换了地方。而父亲，在9月的艳阳下，还那么执着地相信着"性本善"。

第三天，学校了解了我的情况，同意缓交学费。我把消息告诉父亲，并劝他回去，因为再在这里耗下去，连回家的车费都不够了。可父亲的犟脾气上来，怎么也不肯回去，他照例像棵树一样站在烈日下，纸上又有了新内容：学校同意了我们缓交学费，我和儿子就有时间去挣钱了。所以我也不是急需这笔钱，但还是希望你把钱还给我，因为毕竟这不是你的劳动所得啊。

这样的语言无疑会激怒小偷——我不知道父亲是怎样想的。那时已经开学，我也没有过多的时间来干涉父亲。我想，他自己会死心的。

果然，一周毫无消息，父亲身上只剩下30元钱了。他不得不回家，最后一次蹲在那里，不抱任何希望的他在纸上写了很多：孩子，这一周我花光了所有的钱，明天一早就要回去了。我之所以在这里等这么久，是因为那天在车上我和你交谈过，我觉得你是一个好娃，做这种事肯定是有难处的。

由于路费不够，除了火车，父亲得步行一长段路，待回到家，已是4天后了。母亲迎出来，手里扬着一张5000元钱的汇款单。

几天后父亲收到一封简短的信：叔，对不起，拿了你的钱，良心很不安。从学校问到地址，早早地退还给你了。很羡慕你儿子考上那么好的一所大学。我父亲很早就去世了，没人管我，就学坏了，我会改的。谢谢您！

父亲把钱和信都寄给我。看了信，我的眼眶湿了，为父亲对人的信任，为小偷的迷途知返——我感到了一股来自心底的感动与温暖。

26

老三终于“哇”地一声哭了出来：“那就把爹分给我吧。”

分　家

□ 李永进

阴暗的屋子里烟气弥漫，笼罩着几张灰蒙蒙的脸。

老汉蹲在门槛上，吸完最后一口烟，在鞋底磕磕烟锅，头也不抬地说：“他舅，时候不早了，开始分吧。”

屋里的人群骚动了一下，但很快又恢复了平静。

田地、存款、树木、粮食……舅一五一十地在本子上算着、念着，然后按照各个小家庭人口多少，有条不紊地分配着。

老汉又装了一锅烟，“吧嗒吧嗒”地吸着。火光一闪一闪的，那张布满沟壑的脸显得愈发的苍老。

老舅收起本子，说：“屋里还有些东西，你们看着怎么办吧。”

屋子里又陷入了沉寂。

良久，老大抬头看了看舅，又看看老汉，鼓起勇气地说：“娃儿们喜欢看电视哩，爹，能不能把电视机给俺……”

老汉点了点头，脸上挂了一层霜。

“爹，那套榆木家具你一个人也用不了，俺想……”老二嗫嚅着。

老汉又点点头，继续“吧嗒吧嗒”地吸着烟。

众人的眼光集中到了老三身上。

老三低着头，眼睛红红的。

“你是爹拾粪时捡来的养子，看你好意思要啥！”老大心里哼了一声。

“猫哭耗子假慈悲。”老二一脸的不屑。

老三仍旧没说话，双手捂着脸，肩膀一耸一耸的，小声地啜泣起来。

“三儿，你俩哥都分了，你看要点啥吧。”舅面无表情地催促着。

老三终于“哇”地一声哭了出来：“那就把爹分给我吧。”

老汉猛地哆嗦了一下，两行浊泪从脸上滚了下来。

27

如果你因为我或者是这个家而选择了放弃，那我不仅撑不起这个家，相反会愧疚一生。

爱输给爱

□ 莎汤果

手里真握着梦境里无数次幻想的那一纸通知书时，她却迷茫了。她知道：如今一贫如洗的家要养一个大学生是何等的艰难，何况，她还有一个刚上高中的弟弟。

到家的时候，饭菜刚刚摆上饭桌，母亲还在厨房里忙碌，弟弟跟父亲刚从地里干活回来，正在换洗。

她摸了摸口袋里的通知书，没有拿出来。跨进门槛，让母亲去休息，她来做。灶上的鸡汤正“咕噜、咕噜”地翻腾着，她的眼泪险些就下来了，那是家里唯一的一只下蛋鸡，上次父亲生病的时候都没舍得吃。她明白，之所以要炖这只鸡，是因为今天是她的生日。

她刚端起碗，响起了敲门声，开了门，她有些惊讶：“小舅，你咋来了？”她的惊讶，是因为小舅手里提着一盒生日蛋糕。小舅还未回答，弟弟抢过了话头：“小舅，您太偏心了，姐姐的生日您记得，我的就忘了。”母亲忙说：“你这孩子，你小舅一身的灰，准是赶了很远的路，先让你小舅吃饭吧。”弟弟吐了下舌头，不再说话。

她看看弟弟说：“小弟，好好念书，等你考上大学那天，姐姐买个城里最大的蛋糕给你。”

她说的是真心话。弟弟人乖，空闲的时候从没出去玩过，总是尽力地帮助家里做事。弟弟成绩一般，不过她想，只要弟弟努力，将来还是有希望上大学的。她就这么一个弟弟，这个家还要靠弟弟瘦弱的肩膀来撑着，而自己一个女孩子，就算不上大学，也可以去找个好人家。想到这里，不由自主地又摸了下口袋里的通知书，进门之前她就想好了，等秋收后，就出去打工，不管工资多少，能减轻家里的负担就好，至于通知书，就让它成为一个永久的秘密吧。

一家人东一句、西一句地聊着。她听说小舅在省城里做小生意已经好几年了，若有所思地问：“小舅，那里生意好做吗？”小舅嘿嘿一笑说：“你小舅我啊，还算小有成就，这些年省吃俭用，还在郊区买了一套二手房呢。”

“真的吗？”弟弟眼睛睁得大大的，顿了顿又说：“那明天我跟您去您家看看，我还没去过省城呢。”

母亲用筷子敲了一下弟弟的碗，说：“你这孩子，什么明天去不去的，就没想留你小舅多住几天吗？”

父亲赶紧夹菜给小舅，说：别跟孩子见识，都不懂事呢。

小舅仍嘿嘿地笑着说：“我这小外甥，我还不了解吗，跟我小时候一个样呢！”

她又想起小时候，有次父亲实在太疲倦了，耕地的时候，说是想休息一下，坐在地里竟睡着了。老黄牛挣脱了犁头的缰绳，将旁边别人地里的小麦吃了一大片，憨厚的父亲醒来一看，不知所措，怎么解释呢？说了别人也不信。弟弟得知此事，二话不说，转身跑到麦子主人家里认了错，小孩子嘛，能说什么，赔了了事，给父亲保住了面子。她觉得弟弟一定会撑得起这个家。

第二天，小舅真的要走，弟弟也真的要一同去，还带了些衣服，说趁着暑假，要好好在省城玩几天。

母亲嘱咐她：你小舅路不熟，你送他们到车站吧。

通往省城的列车缓缓地向车站外驶去，她微笑着挥手示别，弟弟也推开车窗向她挥手，嘴里使劲地喊着："姐姐，我会想你的。"随着弟弟挥动的手，仍下一团东西，她心里一怔，急忙捡起来，一看，是一张揉成一团的信纸，打开，弟弟的笔迹赫然入目：

姐姐，请原谅我跟小舅合伙骗了你，以你对我的爱，没有小舅的配合，我恐怕踏不出这个家门。作为村子里第一个也是目前唯一一个女大学生，村长已经给家里报了喜。弟弟也许天生不是读书的料，如果你因为我或者是这个家而选择了放弃，那我不仅撑不起这个家，相反会愧疚一生。姐姐，回去吧，你是我们家的骄傲，是全村人的自豪。从今后，你的一切开支，就由我跟小舅来承担。

月台上，一个女孩，蹲下身，双手抱头，泣不成声……

28

尊严和诚信，是支撑生命荣誉的拐杖。

人生拐杖

□方　方

那是一个初春的雨夜，我和几个同学相约在饭店小聚。也许是雨天的缘故，饭店很冷清。我们刚点完菜，正喝茶闲聊时，门外走来一位拄着拐杖的老人。老人步履蹒跚，拐杖敲着铺着瓷砖的地面。老人还来不及擦擦流淌在脸上的雨水，便对着站在吧台后面的服务员嚷：“给我来碗热汤面。”服务员爱理不理地一边在流水单上写着，一边说：“就要一碗面吗？”“就一碗面。”老人一边回答着服务员的话，一边在门边的桌前坐下。看老人的穿着，像一位郊区农村老头儿。

我们桌上的菜陆续端了上来，看得出来，老人已经好长时间没有吃东西了，每看到端上来一道菜，他都不由自主地舔着嘴唇，咽着唾液。又过了好一会儿，我们桌上的菜已上得差不多了，老人的那碗热汤面还没有端上来。老人使劲儿地敲着拐杖，对服务员说：“热汤面怎么还没好啊？”又过了一会儿，热汤面终于上来了。老人狼吞虎咽地吃着热汤面的情形，刺痛了我的心，让我想起了乡下的老父亲。我走到老人桌前，对老人说：“大爷，过那桌吃吧。”对于我的到来，老人很吃惊。听清我的话后，老人连忙用手扶着桌子站了起来，面带微笑地对我说：“不用，不用。”我返回身去，从我们的桌上端过来一盘葱爆羊肉放在老人桌上。我回到桌前刚坐下，老人拄着拐杖颤抖着身体走了过来，把那盘葱爆羊肉又放到了我们的桌子上。

老人吃完面来到吧台前，左掏右掏全身的口袋，也没有找到钱，老人的脸瞬间“红润”起来。服务员用鄙夷的目光看着老人，轻蔑地对老人说：“没钱就没钱得了，还整这出干啥呀！”老人支吾着说不出话来。我连忙走过去，对服务员说：“把老人的面钱记在我帐上。”“不，小伙子，我有钱，走得匆忙忘带了。”服务员正准备把那碗热汤面的流水单子订在我的帐上，想不到老人把服务员手中的流水单子抢了过去。“我把这根拐杖押在这里，我回去给你取钱行不行？”老人说完，把那根拐杖放在了吧台上。饭店老板走了出来：“把那根拐杖拿走吧，那碗热汤面钱不收了。”老人连头都没有回，掀开门帘就走进了风雨中。“一根破棍子，还能顶一碗面钱！”服务员把那根拐杖扔到了饭店门厅里，那里堆放着杂乱的东西。

酒足饭饱，我们刚要结帐走人时，老人蹒跚的身影又出现了，他径直走向吧台，递过去那碗热汤面钱。老板忙不迭地跑到老人身旁，双手把拐杖恭恭敬敬地递给他。老人拄着拐杖转身，渐渐地消失在雨夜里。

29

母亲最喜欢吃什么呢？女儿在那里冥思苦想，记忆中都不记得母亲特别喜欢吃什么菜了。

母亲最爱吃的菜

□邓　为

这是上大学的时候，老师给我们讲的一则小故事。多少年了，依然铭记在心。

女儿很小的时候就死了父亲，母亲没有改嫁，含辛茹苦，一把屎一把尿地把女儿抚养成人，其中的辛劳是笔墨难以书写的。

女儿也很争气，从小就学习好。虽然家庭生活比较困难，但母亲总能变着法儿似的做出很多简单但又好吃的菜。在童年的记忆里，并不曾发生过诸如营养不良挨饥受饿的事情。作为唯一的女儿，她感受最深的，就是母亲总是宠着她，让她先吃菜。

女儿后来考上了大学，在城市里找到了工作，然后是结婚、买房，生活过得日渐滋润。而母亲却日渐衰老，甚至变得唠唠叨叨。女儿把母亲接到城里，日子一长，也感觉老了的母亲确实有点烦。母亲也住不惯城市的楼房，执意要回乡下。女儿拗不过，就说去饭店吃一顿饭再走吧。

恰巧那天是五月的母亲节，女儿心想。就当这顿饭是送给母亲节的礼物吧。点菜完毕，服务生说：你还可以再点一个老人家最喜欢吃的菜，我们今天免费赠送。

母亲最喜欢吃什么呢？女儿在那里冥思苦想，记忆中都不记得母亲特别喜欢吃什么菜了。

过了片刻，女儿突然双手掩面，失声痛哭，言语激动又满怀悔意地说：母亲最爱吃的——是我们的剩菜！

30

上帝，我一定要见到你，亲自对你说说弗雷德叔叔有多好，恳请你帮帮弗雷德叔叔……

寻找上帝的小女孩

□ 若有情

弗雷德是镇上公认的好人，他从孤儿院收养了10岁的孤儿帕蒂。弗雷德还有一个儿子，参军在外。弗雷德的妻子已经去世好些年了，帕蒂喜欢跟弗雷德生活在一起。

突然有一天，一向不贪酒的弗雷德开始嗜酒如命，经常喝得烂醉如泥。

这天他又喝多了，帕蒂劝道："弗雷德叔叔，您少喝点酒吧，这样会喝坏身体的。"弗雷德瞥了一眼帕蒂，嘴里咕哝道："滚……滚开，你这个灾星……"

帕蒂委屈地望着弗雷德。当弗雷德躺倒在床上后，帕蒂静静地坐在床边照顾他。

半夜时分，弗雷德醒了过来，一眼看到床边昏昏欲睡的帕蒂，不禁坐起身："帕蒂，你在这儿干什么？"帕蒂揉着惺忪的睡眼说："弗雷德叔叔，你喝醉了，我怕你从床上掉下来。"弗雷德摸了摸帕蒂的头说："去睡吧，帕蒂。"

圣诞节前的一天，帕蒂竟然失踪了。镇东头的阿瓦老爹说，他好像瞥见帕蒂出了镇子，向东去了。镇子东边是阿帕尔山，这孩子是不是进山了？弗雷德只好打电话向警局求救。

警察进山开始了大规模的搜索，12月的天气相当寒冷，他们必须尽快找到帕蒂。大家找了一夜，天快亮的时候，终于在山腰的一棵树下发现了帕蒂，此时她已冻晕了过去。

帕蒂在医院里醒来了，她看到弗雷德在自己身边，开心地说："弗雷德叔叔，我就要见到上帝了，可是后来我太困了，就睡着了……"

弗雷德不置可否地摇了摇头，他问帕蒂："难道你去阿帕尔山就是为了见上帝？"帕蒂点点头："因为阿帕尔山是离天堂最近的地方，爬上山顶就能见到上帝了。"弗雷德显然生气了："难道你不知道这个时候爬山是很危险的吗？好了帕蒂，我替你联系了一家孤儿院，一会儿他们就派车来接你。我现在没有办法照顾你了。"弗雷德叔叔……"帕蒂几乎要哭出来了，可弗雷德头也不回地走了。

回到家，弗雷德一头倒在了床上，再也提不起精神来——自从接到儿子的阵亡通知书，他的心就死了。他不想得到任何同情，便把儿子的死讯瞒了下来，只能用酒精来麻痹自己。

弗雷德来到帕蒂的房间收拾她的东西。在帕蒂的枕头下，弗雷德发现了一个本子，他随意地翻看了一下：上帝，弗雷德叔叔今天虽然骂了我，可我知道他不是有意的，他一定是遇到什么伤心的事了。上帝，我一定要见到你，亲自对你说说弗雷德叔叔有多好，恳请你帮帮弗雷德叔叔……

弗雷德的视线模糊了。天哪，原来帕蒂做的一切都是为了他。弗雷德飞奔出门，他急切地想要见到帕蒂，他要告诉帕蒂，以前的弗雷德叔叔又回来了……

31

“我爱我妈妈，可我不想爱秋天和冬天，老师，可以吗？”

谢谢你，曾经允许我不爱

□ 刘继荣

星期一的早晨，我紧张而又兴奋，因为教课竞赛就要开始了。这是一次级别很高的竞赛，有各学校的领导做评委，还有许多教育界的专家到场。

好心的教研组长特地跑来告诫我，一定要把时间安排好，万万不可拖堂，这次大赛规则里有一条，对拖堂者采取“一票否决制”，前面有几位参赛者已经“触电”，与奖杯无缘。我感激地点点头，拿着书正准备去教室，美术老师却气呼呼地闯了进来，告诉我：市里举行儿童绘画大赛，主题是“我最爱的人”。孩子们都很认真，可绘画天分颇高的安锐却故意捣乱，把妈妈画成了老巫婆，刚才去找他，他竟然拒绝修改。

看到安锐的画，我也很吃惊。画上的妈妈，真的没有任何美感可言，那一双眼睛尤其怪，一只画成了一团浑浊的雾，另一只眼角有泪滴下来，妈妈的双手则用了怪诞的紫黑色。这时，惊惶的班长跑来告诉我，安锐与同桌打架了，打得很凶。

看见我的一刹那，两人同时松了手。同学们纷纷告诉我，同桌嘲笑安锐不爱自己的妈妈，所以把她画成了老巫婆。谁也没想到，瘦弱的安锐，像个发怒的小豹子般扑了过去。

就要上课了，听课的老师坐满了教室，孩子们顿时安静下来。安锐的胸脯一起一伏，他的眼睛紧盯着我手上的那张画，我轻轻地将画递过去，他愣了一会儿，不敢相信似的伸出小小的手，在握住画的一刹那，他的眼睛湿了，这时，铃声响起来。

我们上的是一节口语交际课，题目是《我爱四季》。面对众多陌生的老师，孩子们紧张得成了小木头人，课堂里的气氛像被冰镇过。我微笑着启发他们，他们小脑瓜里的记忆一下子复苏了。春天里高高飞起的风筝；夏天里一园一园的石榴花；秋天满地厚厚的落叶；冬天里玩疯了的打雪仗，他们争先恐后，唱歌似的说个不停。听课的老师们，脸上都露出了微微的笑意。

在这种氛围里，我发挥到最佳状态，孩子们的表现也格外出色，课堂上时时有意想不到的精彩场面，连那些正襟危坐的评委，脸上也纷纷露出赞许的表情。马上就要下课了，坐在教室后排的教研组长眉开眼笑，给了我一个胜利的手势。

只需要一个简单的小结，这节课就可以漂亮地结束了，而我，似乎能感受到那只奖杯的厚重。忽然，一直沉默的安锐举手了，他的声音很小，却很清晰："老师，我不爱秋天和冬天，可以吗？"几乎所有的人都转过头，看着这个奇怪的孩子。

被诧异的目光包围着，安锐惶恐至极，一下子变得结结巴巴。他的脸都憋红了。教研组长皱着眉，对我指指墙上的时钟，又给我做了个手势。别理这个怪异的孩子！我有刹那的犹豫，可理智告诉我这是不公平的，就为着我要上一节完美的课，就为着我要得奖，而不允许一个孩子把话说完。那么，从此以后，他还会以信赖的目光温暖我吗？

忽然，他的同桌气呼呼地站了起来："他是个怪人，他不爱秋天，不爱冬天，他连自己的妈妈都不爱。"

"我爱我妈妈！"安锐大声反驳。这时，下课铃声刺耳地响起来，我没有打断安锐。教研组长无奈地摇头，我似乎听到他懊恼的叹息声。

“我妈妈是清洁工，到了秋天，落叶扫也扫不尽，要是被人踩碎，被车碾碎。就更难扫了，妈妈累得气管炎都犯了。”他的声音仍在发抖，语言却变得流利。

“冬天一下雪，我和妈妈半夜就得起来扫雪。要是车碾过，人踏过，雪就成了冰石头，我们只能一小块一小块地砸，妈妈的两只手都生了冻疮，整天流血。”平日里的许多疑问，突然一下子被解开，我终于知道，为什么他的掌心会有硬币似的茧；为什么在秋季里，他每天都会有最好看的落叶送我；为什么在我们打雪仗时，他会一个人在那里奋力地滚雪球，然后推进树篱中去。

安锐举起那张引起非议的画：“我爱妈妈的眼睛，她的右眼生了白内障，什么都看不见了，左眼老是流泪，晚上她就流着眼泪，给我织毛衣，给爸爸煎药。我爱妈妈的手，她的手是紫黑色的，可妈妈说，这双手养活了我们全家。”

“我爱我妈妈，可我不想爱秋天和冬天，老师，可以吗？”他看着我，眼睛里是不安的期待。

我微微哽咽着点点头，郑重地举起了自己的右手，与此同时，安锐的同桌也举起了手。在我渐渐模糊的眼睛里，我看到许多举起的手臂，有孩子们的、有老师的，甚至还有评委和专家们的。安锐张开嘴笑，门牙那儿有个光光的豁口，这是世上最无邪的笑。这比任何一个奖杯都令人陶醉。

十多年，安锐在寄给我的贺卡里写道：谢谢您，曾经允许我不爱，这让我在今后的岁月里，能够从容地去爱。现在，我热爱生命中的每一天，因为在八岁半那年，我遇见了世上最好的爱。

其实，我遇见的，又何尝不是世上最好的爱？

32

不管是为孩子拉上拉链的木村，还是那个肩膀宽厚的男人，都如一扇窗，让我们察觉了人生的温暖和诗意。

为你阻挡一川风雨

□ 李丹崖

日本大地震后，一家孤儿收养院里，聚拢了好多前来领养孤儿的人。

在日本，领养一个孤儿太难了，需要经过层层考核，比考公务员都难。

木村就是前来参与领养人群中的一员，他和妻子结婚10年都没有孩子，且有着良好的家庭条件，在各项考核中都顺利“过关”，最后进入了“领养权利”环节，他们五个人同时领养一个7岁的孩子，最终，孩子跟谁有“眼缘”就跟谁走。

这的确是一个严格的筛选。木村等5人同时进入了孩子所在的房间。5分钟后，另外4人失望而返，木村牵着孩子的手从屋里出来了。

有记者采访孩子，为什么会跟木村叔叔走？

孩子说了一句话感动了大家。孩子说：当时，我的上衣拉链开了，木村叔叔走上前说，注意保暖，别感冒了宝贝。我觉得这句话好温暖。

还有一个故事，也发生在日本。日本大地震后，为了安抚国人恐慌的心，电视台向公众征集最感人的画作，并将从参赛获胜者中选出作品在媒体展播。

在参赛的诸多作品中，胜出的是一幅漫画。

漫画上，有一扇窗子，窗外废墟如山，白雪飘零，一派萧瑟状；窗内一个男子怀抱着他心爱的女人，画中的女人很羸弱，男人很高大，肩膀宽厚，如厚实的一堵墙，再看他的女人，一条腿的裤管空空荡荡，在地震中不幸失去了……画的名字是：为你阻挡一川风雨。

两个场景，如两盏烛光。在人心底升起暖融融的春意。不管是为孩子拉上拉链的木村，还是那个肩膀宽厚的男人，都如一扇窗，让我们察觉了人生的温暖和诗意。

世事无常，而人心有律。那些穿越岁月沧桑的爱，是这个世界最幸福安宁的心灵栖息地。

33

捐款事件终于真相大白，史密斯怎么也没有想到，自己当年只不过随手捐出了一美元，在今后的几十年间，竟然有九千多人参加了这个捐款接龙。

七十年前的一颗种子

□佚　名

2006年的一天，82岁的史密斯被一群记者堵在了自己的家门口。

一名记者问："史密斯先生，您刚刚给孤儿院捐出了1000万美元，请问您能跟我们谈谈您捐款的初衷吗？"

史密斯摊了摊手，说："我早就说过，那笔款不是我捐的，请不要再采访我了，好吗？"另一名记者说："您就别谦虚了，孤儿院已经证实，那笔款就是您捐的！"

史密斯无可奈何地笑了笑，说："你们也都看到了，我住的房子是全美国最糟糕的，我吃的用的都是打折货，别说1000万美元，就是1万美元我也拿不出来。"

就在史密斯准备往家里躲时，被一名记者挡住了，他说："您自己过着俭朴的生活，却给孤儿院捐了那么多钱，真是了不起啊！"史密斯苦笑着说："我求求你们，就放过我吧，我还要去超市买菜呢，如果去晚了，就买不到打折的食品了。"

史密斯刚挤出包围圈，又被人拦住了："史密斯先生，据有关部门统计，您先后曾向孤儿院、医院、福利院等全球各大慈善机构捐款达9000次，其中单笔金额有几美元、十几美元的，也有几十美元、几百美元，甚至上千美元的，您目前的生活境况并不好，正像您所说，您大多数时候买的都是打折商品，住房是最廉价的，我想请问您，您在并不富裕的生活中，又是怎样做到坚持不断地捐款的呢？"

史密斯叹了口气，说："看来，你们是不相信我了，我真的不是你们要采访的那位捐款者，如果你们再坚持采访，我只能保持沉默了。"

又一名记者说："史密斯先生，您实在太谦虚了。我这里有一张明细单，您能解释一下吗？2006年3月27日，一位名叫巴特的人以史密斯的名义捐给了孤儿院1000万美元，这个巴特就是您的秘书吧？"

史密斯说："我可不认识什么巴特。""2005年12月1日，一位名叫哈利的人以史密斯的名义捐给了癌症协会80万美元，这个哈利您应该不会陌生吧？"

史密斯说："我哪里认识什么哈利呀？"

那名记者接着说："2005年10月22日，一位叫保罗的人以史密斯的名义捐给了一个因病致贫的家庭1万美元，这个保罗又是谁呢？"

史密斯照样说不认识。那名记者又说了一长串捐款数和人名，史密斯照样摇头。

直到记者说到1936年5月9日，一位叫史密斯的人，捐给了一个名叫汉森的流浪汉1美元。史密斯才想起来："哦，那个史密斯确实是我，那时，我才12岁，见一个流浪汉饿得快要晕倒了，便给了他1美元。他说他叫汉森，并坚持要我留下姓名，他日后要将这笔钱加倍还给我，我说不需要还。他便说，那就以我的名义将这笔钱捐出去。"

记者说："这就对了，就在1937年，那个叫汉森的流浪汉，以史密斯的名义资助了一个名叫戴维的失学男生50美元，戴维在1940年又以史密斯的名义资助了一个叫艾顿的失业工人200美元……"

捐款事件终于真相大白，史密斯怎么也没有想到，自己当年只不过随手捐出了1美元，在今后的几十年间，竟然有9000多人参加了这个捐款接龙。甚至很多人根本就不知道史密斯是一个怎样的人，做过些什么事，只是因为得到别人的资助后，遵照资助者的嘱咐，在今后的资助行动中，一定要以史密斯的名义。

34

父亲的回答很平淡："事情在一刹那发生，或许只有0.1秒吧，我根本来不及细想——只想到，如果我也把木头甩掉，它就会顺着斜坡滚下去，砸到我儿子了！"

0.1秒的父爱

□陈　程

山中，一位父亲和儿子抬着一段木头，儿子走在前面，父亲走在后面。当走到一段斜坡时，儿子突然踩到小石子，脚下一滑，整个身子跟着倒了下去，他情急之中来不及细想，马上把木头用力甩离肩膀。

儿子倒下的瞬间，他听到身后一声脆响。

儿子从地上爬起来，只是手擦破了一点皮。再看父亲，也倒在地上，木头正压在他身上，他的双手却还牢牢地抱着木头。儿子急忙跑过去，想扶起父亲，这时才注意到父亲一头汗水，显出一脸痛苦的神色，一条腿压在木头下一动不动，另一条腿不停地在地上蹬着，却怎么也挣扎不起来。

原来父亲的一条腿被木头硬生生地砸断了！

医治了近半年，父亲才能下地走路，却从此落下跛脚的后遗症。

事后有人问起父亲："当时看到儿子滑倒，你为什么不也把木头甩掉，反而抱紧它？"

父亲的回答很平淡："事情在一刹那发生，或许只有0.1秒吧，我根本来不及细想——只想到，如果我也把木头甩掉，它就会顺着斜坡滚下去，砸到我儿子了！”

这位父亲就是我的父亲，这位儿子就是我哥。10多年了，每想起这件事，哥就一脸歉疚，双眼含泪。

父爱在平常琐事中，父爱更在危难当头时——千钧一发之际，电光一闪之间，短短的0.1秒，父亲毅然决然地把伤害留给自己，以换得儿子的毫发无损。短短0.1秒的父爱，足以震撼一生，感念一生！

35

乞丐夫妻的眼睛湿润了，尽管他们不大会唱这首歌曲，但双手也情不自禁地跟着节奏轻轻拍打起来。

快乐永远是生活的主题

□ 张达明

中午时分，路过一饭店，见门前有许多人在看热闹，近前了，原来是饭店两个保安在驱赶一对乞丐夫妻，怕他们影响了饭店生意。

那是怎样的一对乞丐呢？男的背着女的，一边撩起瘸拐的腿脚躲避着保安，一边还不忘乐呵呵地笑，对周围的人说："今天是我老婆生日，我想好好给她庆祝一下的，可饭店的保安真不够意思，硬要撵我们走。"

趴在他背上的老婆也咯咯地笑，说："每年的今天，我老公都要给我庆祝生日的，看来今年的愿望要落空了。"

这时，饭店老板出来了，他低声问了保安缘由后，阻止保安不要再撵他们，然后立即返回饭店，不一会又出来了，身后跟着两名女服务员，分别用精致的盘子端着蛋糕、红酒和四个菜，来到那对乞丐夫妻跟前，对依然趴在乞丐丈夫背上的女乞丐说："我代表饭店全体员工祝您生日快乐！"说着，把生日礼物献给了他们。

乞丐丈夫把背上的妻子放在了地上，一瘸一拐走到饭店老板跟前，深深鞠了一躬，哽咽着说：“谢谢，我代表我老婆谢谢你们！”

女乞丐想爬起来，可努力了好几次都徒劳了，她对大家解释说：“我是个瘫子，这辈子恐怕也是站不起来了，如果不是我这瘸子丈夫整天背着我讨生活，我早就饿死好几回了。”

我和围观的人们望着这对苦中作乐的夫妻，一下子都被震在了那里。不知是谁，带头轻轻吟起了《祝你生日快乐》的曲子，大家也都跟着唱起来。很快，欢快热烈的曲子把这对乞丐夫妻包围了。

乞丐夫妻的眼睛湿润了，尽管他们不大会唱这首歌曲，但双手也情不自禁地跟着节奏轻轻拍打起来。

快乐和贫穷并没有直接的联系，尽管他们是乞丐，也很贫穷，但他们并不拒绝快乐。

因为，快乐永远是我们生活的主题，也是达到幸福彼岸而扬起的风帆。

36

她那一吻，就像圣母玛丽亚，我感到了生活的美好和灿烂，我不应该放弃生命，未来的生活一定会快乐和幸福。

一吻一天地

□ 李良旭

1

2011年6月9日，在深圳人民南路人行天桥上，发生了令人揪心的一幕：一名年轻男子站在天桥外侧，情绪十分激动地要寻短见。看到围观的人越来越多，男子的情绪越来越不稳定，这时候又没有人上去劝一下。男子显得很孤独、很无助。

正从这路过的19岁少女刘文秀，看到这一幕，心里十分着急。危急关头，她情不自禁地向那男子走去。警方将现场围起来了，不让其他人靠近。刘文秀情急之中，自称是那男子的女朋友，让她去和他谈谈。

高高的天桥上，仿佛伸手就可以触摸到蓝蓝的天空。刘文秀在和那男子沟通后才知道，想自杀的男子年仅16岁，他母亲去世后，父亲娶了一个继母。但是继母对他很不好，而且骗走了父亲的钱财，他一直感受不到家的温暖，他想就此结束自己的生命。刘文秀听了，也跟着男子一起哭了。

她流着泪，对男子说："你的这种感觉，我也曾有过，但自己坚强地走了过来，也希望你能够坚强地走过去，未来的生活一定会更加美好！"

最后，她走上前去，深情地亲吻了那男子。

那一刻，现场一片寂静，人们都被刘文秀这种真诚的情感所感动。男子的情绪顷刻间稳定下来，乘着这个机会，消防人员冲了过去，把男子从天桥栏杆外拉了回来，救下了他的性命。

望着被救下来的男孩子，刘文秀幸福地笑了。笑得很甜、很明媚。

事后，被救下性命的男子对警方说道："她那一吻，就像圣母玛丽亚，我感到了生活的美好和灿烂，我不应该放弃生命，未来的生活一定会快乐和幸福。"

2

1945年8月14日，当二战结束的消息传到美国纽约的时代广场，整个广场上的人群顿时沸腾了。战争终于结束了，人们终于看到了和平的曙光，笼罩在人们头上的战争阴影终于驱散了。此时，蓝天白云，阳光明媚。这一切，是多么地美好。兴高采烈的人们，欢呼雀跃这来之不易的和平，表达出自己的喜悦之情。

在欢腾的人群中，一名狂喜的美国海军士兵，一把搂过正在身旁的一名陌生的女护士，热烈地亲吻着她。女护士穿着洁白的衣裙，身体向后仰着，一只手低垂着。美国海军士兵身着美国海军军服，他用一只手紧紧地揽着女护士的腰肢，俯下头去热烈地亲吻着这名女护士。

此时，空气仿佛亦凝固了，一切的语言都显得苍白无力，只有这深深的一吻，才能够表达此刻内心的喜悦之情。

这精彩的一吻，正好被一名美国摄影记者发现，他及时地按下照相机的快门，摄下了这一精彩的"和平之吻。"

这张照片后来刊登在美国《生活》周刊上，并被广为流传，这就是后来美国时代广场那尊最著名的标志性雕塑："和平之吻"。

3

参观法国著名雕塑家罗丹的雕塑图片展。在一幅以《吻》命名的雕塑前，我被艺术家的独特构思、热烈奔放的想象所吸引。

只见一对男女紧密相拥的姿势，严密而无间隙的拥吻，成为不可分割的一体。此时，似乎感到除了急促的呼吸之外，一切的时空运转都已静止下来，且与外面的世界隔绝。

罗丹用极为细腻、优雅的肌体和姿态，展现了男女心心相印时那神圣的一刻。这个"吻"的雕塑，充满着神圣和光洁，给人们以强烈的艺术效果和美感。这就是艺术的魅力和神圣。

在巨大的幸福或痛苦面前，有时，一切语言显得是那么苍白无力。有时，轻轻的一吻，远胜过千言万语，它表达了一种巨大的幸福，化解了无限的痛苦。一个吻，洞开了一个丰富的世界。

37

如今想来，当年那五六分钟，乃是我一生体会到的最大的温馨。感谢上苍，它启示我那么亲密地与老父亲躺在一起，并且握着父亲的手。

温馨的诀别

□ 梁晓声

那时候，父亲患了癌症，而我又不得不赶时间修改一部剧本。我将一张小小的桌子从阳台搬到了父亲床边，目光稍一转移，就能看到父亲仰躺着的苍白的脸。而父亲微微一睁眼，就能看到我和他对面养了十几条美丽金鱼的大鱼缸。这是父亲不能起床后我为他买的。十月的阳光照耀着我，照耀着父亲。他已知自己将不久于世。然而只要我在身旁，他脸上必呈现出淡对生死的镇定和对儿子的信赖。一天下午一点多钟，我突觉心慌极了，放下笔说：“爸，我得陪您躺一会儿。”尽管旁边备有我躺的钢丝床，我却紧挨着父亲躺了下去。而且本能地握住了父亲的一只手。五六分钟后，我几乎睡着了，而父亲悄然而逝……

如今想来，当年那五六分钟，乃是我一生体会到的最大的温馨。感谢上苍，它启示我那么亲密地与老父亲躺在一起，并且握着父亲的手。我一再地回忆，不记得此前也曾和父亲那么亲密地躺在一起过，更不记得此前曾在五六分钟内轻轻握着父亲的手不放过。

真的感谢上苍，它使我们父子的诀别成了我内心里刻骨铭心的温馨……

38

男人紧紧拖住女儿，黑瘦的脸上，写满疑惑与惊慌，他很难理解，女儿怎会如此伤心。

一对父女的风景

□肖　进

候车室一角的长椅上，坐着三个人：我、一个女孩、一个男人。

“爸，回去吧，农忙时节里分分秒秒都珍贵，昨天因为排队买票，您都耽误一天了。”女孩成熟的语气与她娇滴滴的学生打扮极不相称。

“不碍事，爸爸就想学学电视里，当列车开始启动的时候，我朝你拼命挥手。以后你妈妈想你了，我就描述给她听，她就不会那么难过了。”男人的回答让我心头闪过一丝酸楚，他可能不会想到，回味里多了些情节，更会加重思恋的煎熬。

女孩从身旁的包里拿出面包，递给父亲。男人说：“爸爸不饿。”

女孩撅起小嘴，说：“在我上车之前，您不吃完，我就不走了。”

男人忙说：“爸爸不喜欢吃面包，我去外面买馒头。”

“我去买。”女孩说完，起身小跑而去。

女孩并没有买馒头，而是带回一只香气四溢的鸡腿。男人怔怔地看着女儿，喃喃自语道：“我还是吃面包吧。”

女孩微微笑着，说："爸，我吃油腻的东西容易晕车，我想您一定不希望我那样吧。"

男人略略迟疑一下说："那爸爸去给你买晕车药。"女孩无奈地说："爸，我们一人吃一半，可以了吧。"

"好。"男人软软的口气表明，他似乎也找不到更好的理由来让女儿吃鸡腿，他吃面包。

"爸，暑假我就不回来了，我去做家教，我的好多同学都出去做家教，做得好的话，足够在学校里的一切开销呢。"女孩脸上的笑容明朗澄澈。

男人说："够不够用不要紧，千万别累着，对脾气不好的主人，千万不要去他家做。"

女孩轻轻"嗯"一声，将手中的矿泉水递给父亲。

男人接过矿泉水，没有喝，说："不管在学校，还是在外面，不要告诉别人自己的家在农村，父母是农民……"

"这有……"女孩急着打断父亲的话，却只说了两个字，便哽咽难语。

男人也急忙调转话头，说："爸爸给你买的笔记本电脑，如果不小心遇着坏人被抢了，你千万别反抗，更不要去追，爸爸再汇钱给你买一个新的。"女孩一头扑进父亲怀里，任由泪水汹涌而出，泣不成声。男人紧紧抱住女儿，黑瘦的脸上，写满疑惑与惊慌，他很难理解，女儿怎会如此伤心。

我即将要去游玩的地方，是一个我早就梦寐以求的风景名胜区，不管是从游玩回来的人口中描述，还是从网上看资料，那地方都是山清水秀，美不胜收。而此刻我的心里明白，不管那里是世外桃源，还是人间天堂，我旁边的这对父女，将是我这次旅行中看到的最美风景。

39

两天后，纽约市各大报纸刊登了同一条让汤姆斯太太激动不已的消息：美国现任总统西奥多·罗斯福，用自己的小名泰迪，为一种街边兜售的玩具熊仔取名泰迪熊。

总统先生的拥抱

□童　心

冬天的一个傍晚，美国纽约市街头天寒地冻，寒风凛冽，行人们都被冻得紧缩着脖子。

他从一幢大楼里走出来，远远地看见一个小女孩在向行人兜售什么东西。他的目光停留在小女孩身上，她是那么瘦弱，那么矮小。

小女孩转身看见了他，向他跑过来。他看清楚了，小女孩怀里抱着的，是几只毛绒熊仔。

“叔叔，买一个熊仔吧。”小女孩拎起一只熊仔，想交到他手里。小女孩仰着头，踮着脚，目不转睛地看着他的眼睛。她实在是太矮了，她或许还没有5岁吧。

小女孩的小脸蛋和小手都冻得通红。他注意到女孩的眼神，是那样的清澈，充满渴望，叫人怜爱。

他蹲下身来，接过小女孩手中的熊仔。熊仔的造型很特别，有点像婴儿，圆圆的眼睛、胖胖的脑袋、短短的四肢，一副需要温柔呵护、渴望人疼爱的样子。

这时候，远处一个中年妇女从寒风里跑了过来，她提着一个大袋子，里面全是毛绒熊仔。没错，她就是小女孩的妈妈——汤姆斯太太。

“这些毛绒熊仔都是我手工缝制的。”汤姆斯太太说，“我们家太穷了，她爸爸长年躺在床上，所以我们就想到了这个办法。”

那些手工缝制的熊仔做工粗糙，很显然一定不好卖。他想了想，然后微笑着对汤姆斯太太说：“我想，我可以帮到你们。”

汤姆斯太太高兴坏了，激动地说：“先生，您的意思是要把这些毛绒熊仔全部买下来吗？那真是太感谢您了！”

“不，汤姆斯太太。我只是想给你们缝制的毛绒熊仔取个特别的名字，我想有了这个名字，它一定会好卖一些。”

“特别的名字？”汤姆斯太太有些疑惑不解。

“就叫它们泰迪熊吧。”

“泰迪熊？这个名字有什么特别吗？”汤姆斯太太更加疑惑。

他笑了笑：“没有。只是我的小名也叫泰迪，我很喜欢这个名字。”

最终，他只买下了一只熊仔。临走时，他再一次蹲下身来，望着小女孩清澈的眼睛：“宝贝，我想和你拥抱一下，可以吗？”

两天后，纽约市各大报纸刊登了同一条让汤姆斯太太激动不已的消息：美国现任总统西奥多·罗斯福，用自己的小名泰迪，为一种街边兜售的玩具熊仔取名泰迪熊。报纸上还一同刊登了那种泰迪熊的照片。

很快，汤姆斯太太手工缝制的泰迪熊，沾了总统的光芒，开始在纽约街边热销。

小女孩好奇地问妈妈：“那天拥抱我的，真的是总统先生吗？”

汤姆斯太太想了想，很认真地对女儿说：“是的，宝贝。我想总统先生拥抱你，是想告诉你和妈妈，要善于拥抱他人，善于给别人温暖和关爱。”

40

争夺倒数第一，背上的世界需要用心去感受，体会，它让犯人找回了失落多年的心灵，也体察到父母为他们付出的多么辛苦的一生。

争夺倒数第一

□ 陈旭红

这是发生在韩国的一个劳教所的故事。

重刑犯及其家属要参加一场跑步比赛，由儿子背上自己的父母，绕着运动场一圈，最后到达终点者为胜。可是，让人意外的是，等待发令枪响时，原本热闹的会场一下子变得肃穆起来，犯人们身着深蓝色的囚衣，蹲下并向前微倾探出身子，背上父亲或母亲。

“啪！”一声枪响后，令人奇怪的是这些参赛者，没有一个人大步向前。相反，他们竟不约而同地放慢了脚步，惟恐比别人快一步。

担心儿子受累的老泪纵横的老母，为儿擦泪的却放任自己流泪的白发父亲，小心翼翼轻手轻脚的缓慢前行的儿子……

赛场变成了泪的海洋，哭声阵阵，这一刻，犯人们是多么想停留在这一刻，他们在细心地感受父母羸弱瘦小的身体，轻巧微薄的体重却倍感异常沉重，就这样慢慢地背着，就像儿时父母背着他们一样。过去，父母的后背承载了他们童年无数的快乐与幸福。后背之上，他们眺望着远方的世界，周围的风景，拨弄着手中的玩具，吃着自己喜爱的食品，玩累了，静静地趴在上面美美地睡一觉。就这样，玩着闹着，他们长大了，父母却老了，白发多了，背也驼了，他们无怨无悔，毫无怨言。为的就是孩子好，今天好，未来好。可是做子女的，谁又曾去关心过他们？本以为子女会在人生的道路上实现自己的理想与抱负时，不曾想却意外地走进了监狱的大门，这其中悔恨、自责、痛苦纠缠着、噬咬着父母早已伤痕累累的心灵，心力交瘁，肝肠寸断。

孩子坐牢，父母的心又何尝不“坐牢”？他们望眼欲穿，身心俱疲，他们头发花白，形容枯槁，一心只为盼着儿女能早日归来，家还是原来的家，温馨幸福，父母依旧还是原来的父母，爱意永在，经年不变，一如从前。

争夺倒数第一，慢慢地行走，一小步，一小步，每一次小小的挪移，都是心灵的震颤。爱意、悔意、恨意纠结缠绕；静静地回忆，一点点，一段段，如黑白影像一样在脑海中一帧一帧地放过去。成长、成熟、成就，这一刻，似乎穿越了千年。这一刻，又让人心碎不止，它凝聚了父母太多的心血与默默的付出。可是他们真的没有在意，伤了父母，害了父母。

争夺倒数第一，背上的世界需要用心去感受、体会。它让犯人找回了失落多年的心灵，也体察到父母为他们付出的多么辛苦的一生。

41

她一直跟在灵车后面，不停地在心里喊着："桐桐，你好，你好……你还听得见吗？"

欠你一声问候

□佚 名

那天娟娟像往常一样，走到院子门口，一个陌生的小女孩，笑着说："阿姨，你好。"等到她记起要回答她时，小女孩已走远了

当娟娟一心想要还一声问候时，却一直没有再遇到这个小女孩。

这天，娟娟依旧早起去上班，却迎面碰上一群送葬的队伍。她正想躲闪，突然，她的眼睛睁大了，她看见灵车前的那大大的照片，是那样的眼熟。这不是那天向她打招呼的那个女孩吗？她不顾一切地冲上去，拉住一个人问："这个女孩怎么了？"这好像是她住到这个楼区以来第一次主动和陌生人说话。

那人悲切地告诉她：这个女孩叫桐桐，今年12岁，一年前得了血癌。她知道自己快要死了，但始终没有哭过。她说在童话书里看到过：人在临死前，只要能得到100个来自陌生人的问候，死后就可以上天堂。从那天开始，桐桐每见到一个陌生人，都主动上前问候对方，只是为了得到一声回应。回家后，把它记到本子上，再一个一个地数，看还差多少。遗憾的

是，她到死也没能换回那一百个问候，而她送出去的却远不止100个呀。桐桐临死前，捧着那个本子，不停地问，“为什么那么多人都不肯对我说‘你好’？”

娟娟听得泪流满面，她一直跟在灵车后面，不停地在心里喊着：“桐桐，你好，你好……你还听得见吗？”

42

一只亲手摘下的苹果、一封真情流露的信，从万里之遥的异国辗转送交到另一国的一位高中生手中，这里没有虚情假意、没有作秀，只有用心可以感受到的真情。

一只苹果和一封信

□ 王丹青

怀着些微复杂的情感和态度，我一直都默默关注着日本。不过尽管在日常谈话中高频率地提到日本，但坦率地说，我从来没有想过日本与我个人之间会发生什么直接的联系，直到2008年的“5·12”汶川大地震。

汶川大地震发生时，我18岁，正在绵阳中学备战高考。天灾的突然袭来，打乱了一切，也扰乱了我平静的心境，让我仿佛置身剧烈摇动的梦境，完全懵了。灾后的日子渐渐平复，一天，小外甥送来一只大大的红苹果和一封信，姐姐在一边解释说：“是日本人给你的。”我疑惑地接过那封信读了起来，内容大致是——

大家最近过得怎么样了？天气越来越冷了，大家可得保重哦。我是日本的渡边保子。最近我常常坐立不安，我所能做的事就是把我亲手摘下的苹果寄给大家。爷爷奶奶们，你们可要加油哦，现在才是把你们的人生经验派上用场的时候。爸爸妈妈们，现在才是你们向晚辈展示坚强的时候。年轻人，为了建设自己美好的家园，奋起吧！孩子们，无所畏惧、齐心合力，什么事都可以做到。这只苹果不是普通的苹果，是我父亲渡边十郎生前一锄一锄在荒山上种下的果树结下的生命力顽强的苹果，是充满希望的苹果。财产不如身体重要，身体不如心灵重要。冬天终会过去，春天必将来临。这是我们全体人的灾难、大家的苦痛。让我们一起战斗、加油！我从心里声援你们。

渡边保子及其伙伴们

有些感动，也有些震撼。我半晌没有吭声儿，迅速联想着日本与中国之间的许多事，联想着日本与汶川大地震相关的信息。虽然之前经常在媒体上看到或听到有关中日关系的报道，但总是觉得国家关系毕竟离我个人的现实生活很遥远。所以，当素未谋面的渡边保子从果树上亲手摘下的代表吉祥、平安的苹果来到我手上时，我惊讶：这样的事情居然被我亲身经历到了。

或许经受过灾难的人会变得更加感性吧，思量许久之后，我把这个“小小的事件”和自己的一点感想发到了人人网上。许多朋友们看了之后，也都“晒”出地震后他们亲身经历或听说的日本人的友善之举。大家的情感体验似乎惊人相似：先是感动，然后是对以往的一些偏见和误会感到内疚。

时光荏苒，转眼之间到了2011年。3月的一天下午，同学说：“日本出事儿了，地震。”这让我猛地一愣。无情的地震和海啸袭击了日本，作为有过同样经历和切肤之痛的我，感同身受。回到寝室，我便发疯似的在网上查看有关日本地震的所有信息，刷新着网页，等待在日本留学的同学的最新消息。接下来的日子，我看到，中国政府向日本灾区捐赠了价值不菲的物资，许多中国人向日本受灾群众捐款。时间仿佛被撕开了一道大口子，把我带回了3年前的5月。伤亡数据不断上升，电视上的惨烈画面刺痛心扉。时空恍惚倒错混乱，让人分不清2011年和2008年，分不清5月12日和3月11日，分不清宫城、福岛、映秀、北川……唯一清晰的是，又有多少生命戛然而止，又有多少家庭支离破碎，又有多少人要被迫流离失所，又有多少心灵将受摧残煎熬……

一只亲手摘下的苹果、一封真情流露的信，从万里之遥的异国辗转送交到另一国的一位高中生手中，这里没有虚情假意、没有作秀，只有用心可以感受到的真情。“苹果事件”之后，我对于日本的认识与看法悄悄发生着变化。那封信一直被我珍藏在身边，它时刻提醒着我：人性的光辉，会在自然灾害的摧残中闪耀得愈加璀璨。

43

因为疼爱，因为关怀，因为孝顺，因为善良。因为……使得有些爱都一直在我们背后偷偷进行着。

偷偷进行着的爱

□ 姚法荣

有这样一位母亲，她下岗了，一家人的生活来源全靠丈夫一人的死工资。一次，她许诺女儿如果期末考试能得第一，她就买一双旱冰鞋给她。他们楼下就有一个空旷的广场，平日里总有许多穿着旱冰鞋的同龄人在那儿玩耍。结果，女儿不负厚望，不仅考了全班第一，还是全年级的状元。母亲非常高兴，她偷偷地跑到商场。比较再三后，拿着几副护膝护肘问老板，有没有再宽再厚一点的。老板告知她，有，不过价格要稍贵一点。她二话不说，掏出钱来就买下了。她自己绑好了护膝护肘，找了一个没人的地方，时而重重地跪在地上，时而又撞击墙面，虽然膝盖和胳膊肘很快就肿了，但母亲还是微微地笑了，因为经过试验，她已经确信这副护膝护肘确实有一定的缓冲保护作用。

有这样一位妻子，她得知吃辣椒有助于丈夫的身体康复，立马做了一顿丰盛的辣椒宴。可当丈夫夹过一片咀嚼时，一下子被呛得眼泪直流。妻子很抱歉地说："不好意思，我忘了你是不吃辣的，明天我一定注意。"第二天，妻子又做了一顿辣椒宴，丈夫拿着筷子迟迟未动手，她说：“放心吃吧，这是柿子椒。一点都不辣的。”丈夫夹了一片尝，果然如此。其实。在他们那里，市面上卖的都是朝天椒之类的特辣型辣椒，妻子给他做的正是营养最为丰富的虎皮青椒，只是在下厨前，她已经用刀将辣椒丝一根根地剔除了，所以他吃起来才感觉一点都不辣。

有这样一个儿子，他是个大款。她的母亲老了，牙齿全坏掉了，于是他开车带着母亲去镶牙。一进牙科诊所，医生开始推销他们的假牙。建议她镶最好的烤瓷牙。可母亲却要了最便宜的那种。医生不甘就此罢休。他一边看着大款儿子，一边耐心地给他们比较好牙与差牙的本质不同。可令医生非常失望的是，这个看似大款的儿子却无动于衷，只顾着自己打电话、抽雪茄，根本就不理会他。医生拗不过母亲，同意了她的要求。这时，母亲颤颤悠悠地从口袋里掏出一个布包，一层一层打开，拿出钱交了押金，一周后来镶牙。两人走后，诊所里的人就开始大骂这个大款儿子，说他衣冠楚楚，吸的是上等的雪茄，却不舍得花钱给母亲镶一副牙。正当他们义愤填膺时，不想大款儿子又回来了，他说：“医生，麻烦您给我母亲镶那最好的烤瓷牙，费用我来出，多少钱都无所谓。不过您千万不要告诉她实情，我母亲是个非常节俭的人，我不想她不高兴。”

有这样一名学生，他来自农村，家庭条件非常贫困，可是与他同住的都是有钱人家的孩子。他自尊心很强，于是谎称自己家里也非常有钱。宿舍6人经常一起出去吃喝玩乐，他也不例外。其实，他每出去潇洒一次，就得靠打工家教省吃俭用一两个月。直到有一天，一位舍友不经意间从他老乡口中知道了他家的实际情况。这名舍友并没有点破，而是和其他4人达成一致意见，自此不在他面前摆阔，平时一定尽力默默地帮助他。就这样，秘密一直保守着，大家和睦相处，其乐融融，直到大学毕业吃散伙饭时，他还被蒙在鼓里。

生活中这样的人这样的事还有很多很多。如果你能静下心来，慢慢体会、慢慢回味这些潜藏在身边的爱，你会发现：原来自己是这般幸福！

44

我心里很失落，这个问候，有些冒失，对娘来说，肯定是个负担。那个晚上，梦里梦外全是娘的影子。

母亲节的电话

□慧　萍

母亲节那天，小城的街头巷尾飘起了五颜六色的横幅，上面都写着一些感恩母亲、祝福母亲的话。读了，心里顿生一股暖暖的温柔，对娘的那份牵挂，也立即在心头荡漾。

“去给娘买份礼物吧。”老公对我说。

“娘是不会要的。”我压低声音嘀咕着。自从我们买了房子后，娘再也不花我们的一分钱，就是回家买些鱼呀肉呀什么的，她也会不高兴地唠叨半天。

为了我们房子的首付，爹和娘拿出了全部积蓄。现在又为了我们每个月的房贷，快60岁的爹竟去外地打工了。娘在家当然也是一刻都不闲着，养猪、养鸡，总是不时地支援我们。

“那就给娘打个电话吧。”老公提议。

“可是，昨天才打过电话的呀，娘说家里挺好的，她身体也好着。再说，客气的话我说不出口。”

“还是打一个吧，随便说些什么都可以，要不，我的心不安。”老公说。

电话响了很长时间才接通。我知道，此时的娘正在里屋剁猪菜，一定是听到电话铃声后才急急忙忙放下菜刀赶到堂屋里，我能听见娘在电话那边的喘气声。

“娘，是我，吃了吗？”每次打电话给娘，都是这样的开场白。

“是小妹呀，你怎么了？昨天来过电话的呀！”娘的声音听起来好像很着急。

老公在一旁推了推我，示意我说些好听的。“娘，没事呀……”说些什么呢，该说的话好像昨天都说了。我想了想，接着说：“哦，娘，家里的猪要出栏了吧，你一个人忙得过来吗？”

“还要个把月呢，小妹，有什么事吗？”娘的声音听起来更着急了。

“娘，没事，真的没事，那我挂了呀！”正欲挂电话，老公又在旁边推了我一下，我只好接着说：“娘，我……我……想你！”声音小得像蚊子叫。还没等娘反应过来，我就慌乱地挂了电话。

不一会，家里的电话响了，老公接的。娘不放心，还是回了电话过来。老公说：“娘，真的没事，您多想了，今天是母亲节，小妹想您，所以给您打电话了。娘，节日快乐！”我说不出口的话从老公嘴里说了出来，却是那么自然，我感激地看了一眼老公。

我心里很失落，这个问候，有些冒失，对娘来说，肯定是个负担。那个晚上，梦里梦外全是娘的影子。

第二天下班回家，娘拎着大包小包在楼梯口等着我们。

那天娘挂掉我们的电话后，马上打了电话给爹，他们商量着把那几头猪提前卖了，给我们送钱来。娘对爹说，“小妹性子随我，嘴紧，不肯轻易说好听的话，她不是遇到了什么难处，不会主动问猪出栏的事。”

“娘……”我哽咽着，不知该说什么。

45

我跳这支舞，你们可能觉得很好笑，但我每次跳都很高兴，因为我是在用心灵跳舞。我想让千里之外的妈妈通过电视看到，她女儿在外面打工，过得很快乐！

妈妈，我很快乐

□ 细雨池塘

这是一场电视达人秀选拔赛。在摄像机前，很多身怀绝技的选手亮出了看家本领，赢得了评委们和观众们的阵阵掌声。也有选手就是来过过舞台瘾，还没演到一半，就被亮了红灯。

这时候，一个女孩上场了。她化着浓妆，穿着一条自己裁剪，五颜六色的裙子。她对评委说：要跳一段舞蹈。

音乐瞬间响起，这是一段节奏感超强的舞曲。只见女孩四肢舞动，臀部乱摆，完全不按音乐的节奏，倒有点儿像功夫熊猫。

观众们哄堂大笑。不过，女孩依然我行我素，好像完全沉浸其中。

很快，评委们纷纷亮起了红灯。女孩很无奈地站在舞台上，神情沮丧。

一个评委问：“你平时就这么跳舞的？”女孩说：“是的，在工厂里每天工作十多个小时，下班回去后就想好好放松一下，跳上这么一段。”

评委又问：“可你的舞姿一点美感都谈不上，你知道吗？”

“这是我自创的，想家的时候，就跳上一段。我跳的时候很快乐，这就够了。”女孩的话让现场观众们逐渐安静下来。

评委们都有所震动，问：“你家里还有什么人，经常回去吗？”

女孩擦了擦汗：“在乡下还有个患病的母亲，需要医药费，我每个月都寄钱回去。”说到这里，她眼里泪光闪闪，“我很少回去，因为要节省路费。我跳这支舞，你们可能觉得很好笑，但我每次跳都很高兴，因为我是在用心灵跳舞。我想让千里之外的妈妈通过电视看到，她女儿在外面打工，过得很快乐！”

评委们沉默了半晌，说：“很遗憾，我们不能让你晋级。但是，我们允许你在摄像机前再跳一次！”

观众们也齐声高呼：“再来一个！”

随之而来的是雷鸣般的掌声。

46

她一个人在家，我不放心，便天天给她寄信，为的是让邮局的投递员去家里看一下她是不是平安。

平安家书

□ 蔡中锋

老林是我们工厂最老的一名工人，今年已经70岁了。

老林有一个雷打不动的习惯：无论工作有多忙，每天中午，他都要抽空去寄一封信。

有一次，老林得了重病，我陪他去医院。

输液时，老林从怀里掏出几封写好了地址的信封交给我：“小王，我这几天可能起不了床，麻烦你去邮局将这些信寄出去，一天一封。”

我看了看这些信封，都是写给同一地址同一人的，我问他：“这都是写给您爱人的信？”

老林说：“是的。”

我看里面都没有信纸，不解地问：“里面怎么没有信啊？”

老林说：“不用写信，我老婆不识字。”

我更疑惑：“您为什么要天天给一个不识字的人寄一个空信封呢？”

老林说：“她一个人在家，我不放心，便天天给她寄信，为的是让邮局的投递员去家里看一下她是不是平安。”

47

两个儿子都患上怪病，每当有磕磕碰碰，伤口都会血流不止。但幸运的是，每次输入母亲的血液后，伤口就会奇迹般地愈合。医生诊断说，两个孩子都活不过3岁……30年，累计献血4万多毫升，大儿子去了，小儿子还活着……这位饱经沧桑的坚强母亲，用亲情大爱创造了奇迹。

4万毫升鲜血滋养出的母爱奇迹

□立 军鸣 跃

初为人母的喜中之灾

1978年的春天，家住黑龙江省延寿县延寿镇的张海云第一个孩子出生了。她和丈夫蔡金给他取名蔡洪刚，看着又白又胖的儿子，小两口乐得合不拢嘴，然而这样的幸福生活仅仅过了半年，全家就被巨大的阴影笼罩了。

就在小洪刚刚满6个月的时候，一天因不小心用一根筷子把嗓子捅破了，鲜血立即从左侧鼻孔流了出来。张海云看到后，马上用纱布将儿子的左侧鼻孔塞住。可谁知，鲜血又从儿子的嘴里流了出来，而且血流不止。张海云急忙抱着儿子来到了县医院，无论用哪种药就是止不住血。医生说孩子患的是紫癜，活不过3岁，暂时只能输血方可保住孩子的生命，只要父母亲是O型血就可以输血。此后，每当儿子发病时，张海云就立刻放下手中的活，抱起儿子跑到医院去输血。

1980年，弟弟蔡洪亮出生了，给满面愁容的父母带来了一丝安慰和笑意。为了弄清楚儿子到底得的是什么病，1982年，夫妻俩把自家的房子和所有值钱的东西全部变卖了，领着两个儿子来到了沈阳军区医院。经过一个月的化验，最后确诊：蔡洪刚患的是血友病！据医生介绍说，血友病在医学上是一组遗传性凝血障碍的出血性疾病，其共同特征是轻微损伤后有出血不止的倾向。

听说是遗传病，张海云和丈夫又带小儿子蔡洪亮做了化验，结果小洪亮也患有血友病。医生告诉他们：这种病在10万对夫妇中才出现一例，如果不坚持输血的话，生命不会维持多久。听到这样的话，夫妻两人再也承受不住了，张海云感到他们的生命已走到了死胡同。

灾难让亲情格外壮丽

经过一段痛苦的愁闷之后，张海云硬挺着虚弱的身体，和丈夫一起起早贪黑拼命地干活挣钱。有人劝他们夫妇说：别再治了，白搭钱又治不好，大人还跟着遭罪。可张海云却说："孩子是我身上掉下的肉，只要还有一口气，能活一天就治一天。"

随着年龄的增长，兄弟俩的发病率愈加频繁。就在兄弟俩高高兴兴地在学校读书时，又一个不幸发生了。1988年，兄弟俩身体的各个关节出现了严重的血肿，并伴有疼痛的感觉，哥哥洪刚的肌肉开始萎缩，并且丧失了行走的功能，从此卧床不起，被迫辍学，不到半年弟弟洪亮也不能走路了。

就在张海云夫妇为两个儿子到处奔波寻医问药、花光积蓄欠下外债时，大儿子蔡洪刚却整日茶饭不思。这可急坏了两口子。

一天，蔡洪刚的病情又发作了。张海云急忙找来了车，可是蔡洪刚却说啥也不上车。张海云气得浑身直打哆嗦，她急了："洪刚，妈养你这么大，不求你报答什么，可你也得说句话呀。你到底是咋回事，你这孩子是越来越不懂事了？"

蔡洪刚看到母亲急了，他泪流满面地说："妈！不是我不想去，可你想想，这么多年来，您跟着我们吃了多少苦，遭了多少罪啊！咱家叫我们哥俩弄得要啥没啥，还欠了那么多的债，而且我的病治了这么多年还没治好。再说，您身上能有多少血给我们哥俩输啊！到头来，我们哥俩的病不但没治好，却把您的身体弄垮了！看着你胳膊上到处都是针眼我的心比针扎的还疼。妈，您知道吗？每当您给我们哥俩输血的时候，每当我看着您身上的血一滴一滴地流进我们身体的时候，我就感觉到我们俩像两个魔鬼在吮吸着一个善良母亲的鲜血。我们会活活吸死你呀，妈妈！一想到这些我就受不了！倒不如死了算了，您也别再往我身上搭钱，别再输您身上的血。弟弟比我的病轻，把钱和血都留给弟弟吧，也许弟弟能早一天好了，我们家也就有希望了。”

张海云一把抱住儿子，用手擦去儿子脸上的泪痕喃喃地说：“孩子，妈生了你，就要养你。妈身上有血，有你在妈妈就有奔头，你走了妈妈会很伤心的。”

1998年8月12日蔡洪刚突然发病，看着被病痛折磨的儿子，张海云又一次坚定地伸出了胳膊，让自己的鲜血给儿子新生……可是这次医生明确地告诉她坚决不能再输血了。因为在这个月中她已为两个儿子输了3次血，最多的一次输了500毫升血。可惜张海云的真情还是没能挽留住大儿子蔡洪刚的生命，在妈妈张海云温暖的怀抱里，蔡洪刚安详地离开了……

亲情大爱总会创造奇迹

2006年10月，洪亮又犯病了。张海云带着他来到了河北省廊坊市中医院，一位姓郭的医生介绍说，只有将洪亮的脾换掉，才能治好血友病。而这个手术只有武汉能做，需要花近20万元的手术费，且成功率较低。20万元，20万元啊！对蔡金和张海云夫妇来说是一个连想都不敢想的数字。无奈，他们只好放弃做手术的念头。

2007年7月的一天晚上，已经高烧两天的蔡洪亮又开始出血了，此时张海云也好几天没有睡好觉了，看到儿子这样，她毫不犹豫地拿出针管扎进自己的血管里。但200毫升的血根本没有效果，她再一次把针扎进血管。看着脸色苍白的母亲，蔡洪亮的心都碎了，他一下扑过去拔掉妈妈胳膊上的针管，抱住妈妈呜呜地哭了起来。

经过长年超量的输血，再加上缺乏营养，张海云的身体十分虚弱。多走几步路就要气喘冒虚汗，许多人都劝她放弃，这样下去两个人都会没命的。可她总是说：我不能放弃，我是母亲！

为了照顾好儿子，张海云每天形影不离，她自己做了些简单的器械帮助洪亮练习走路，还每天给儿子按时按摩，但洪亮的病不但不见好转，而且还得了抽风病，有时一抽起来脸都变形了，常把舌头和嘴唇咬破，这样更增加了出血量。后来再犯病时，张海云就把自己的手指放到儿子的嘴里垫着，常常就这样让儿子把自己的手指咬得血肉模糊。

2008年1月，蔡洪亮又一次出血不止。张海云又一次地伸出了胳膊，望着那布满针疤的双臂，蔡洪亮央求着妈妈说："妈，我都28岁了，是你的血让我活到现在。我和哥哥已经把你身上的血抽干了几十次了，现在你的身体这么弱，不能再抽你的血了！"护士也说："你不能再输血了，那样会很危险的，这样的责任我们也负不起呀！"

"不要你们负责，我没有钱只有血。快抽，快抽啊！我不能让我的儿子死啊！"张海云看着大夫护士面带难色，她一把抢过护士手中的针管一下扎进自己的血管抽出了400毫升的血。血一滴一滴地流进了儿子的身体，儿子的血是止住了。可张海云的脸却像一张白纸，她微闭着眼睛再也没有力气说一句话了。

也许是张海云无私的母爱打动了上苍，也许是哥哥洪刚真的在天有灵，这次输完血后，洪亮已快4个月没有犯病了，5个月后，奇迹竟然出现了，蔡洪亮能下地走路了。张海云多年憋闷的心像打开了12扇窗户似的那么明亮，她欣喜若狂地冲出家门高声喊道："亮亮能走了！亮亮能走了……"

听到喊声，邻居们纷纷赶来，人们都说：这是张海云用母爱创造的人间奇迹！

张海云——这个饱经沧桑的坚强母亲，还有什么能比看到儿子现在这样更高兴的呢！

在母亲的建议下，蔡洪亮拜师学家电修理技术。现在一般的家电毛病他都能修理，还学会了开车，能在身体好的时候挣钱了。当他把第一天挣来的32元钱交到妈妈的手里时，张海云高兴地流下了眼泪。蔡洪亮轻轻地为母亲擦掉脸上的泪痕说："妈，苦难都过去了，从现在起我们就好啦！"

30年，正因为有如此的亲情大爱，患病的儿子才能一次次逃离死神的阴影。是的，如此的亲情大爱，奇迹总是会出现的。

48

依旧是在湖边那片开满黄灿灿太阳花的草地，达伦再次向露易丝求婚：“请你嫁给我吧。”空气凝滞了，二十七年来的遗憾与相思，顷刻间化作幸福的泪水。

一个迟到了二十七年的亲吻

□人　人

1

1962年的冬天格外寒冷，英国格洛斯特郡医院的产房外，即将做父亲的大卫不住地向上帝祈祷着。一个小时后，妻子凯瑟琳被推出了产房，脸上分不清是泪水还是汗水。她用极度虚弱而悲伤的声音对大卫说：“亲爱的，告诉你一个不幸的消息。我们的女儿，她是一个‘海豹儿’！”

大卫的心陡然像是沉到冰冷的海底，他的耳边响起两个月前的一则重磅新闻。在医疗年会上，专家痛心疾首地宣布，目前已经推广开来的、用于治疗孕妇妊娠早期止吐的药物“反应停”具有严重的副作用，它的主要成分酞胺哌啶酮会导致新生婴儿畸形，表现为缺臂缺腿或者手和脚直接长在躯干上，看起来就像海豹。这些“海豹儿”还具有其他严重生理缺陷和后遗症，出生后一般很快会死去，即使存活，也只有短暂的寿命。

这个新生的女孩露易丝，无疑从一出生就被宣判了死缓。不想眼睁睁地看着女儿无可挽救地死亡，大卫夫妇流着泪把她送进了孤儿院，随后移居他乡。只是，他们不知道，露易丝一直活着，如同成千上万飘零的蒲公英种子中的一颗，散落在墙角，是最瘦弱、最顽强的那一颗。

18岁时，金发少女露易丝害羞而忧郁，她长着像海豹一样短小的四肢，她唯一的朋友是孤儿院里的另一个“海豹儿”——出生在英国的德籍男孩达伦。

露易丝没有手臂，也没有腿，不能正常走路，只能在地上爬行。大多数时间，她都是在一个大轮椅上度过。达伦经常推着露易丝到郊外的格洛斯特湖边晒太阳，当然，他不是用那两只直接长在肩膀下、没有手臂的小手，而是用修长健康的双腿踢动轮椅。

轮子飞快地旋转，露易丝低头看着达伦踏在青草上的双脚，不无羡慕地说：“你真好，虽然也是‘海豹儿’，可你只是半个呀。”达伦停下了脚步，他蹲下身子，吃力地用短小的“手”在草丛中摘了一朵太阳花递给露易丝，认真地说：“我这双幸运而健康的腿，以后也是你的双腿。你去哪里，我就用它推你去哪里。”露易丝伸出小小的只有3个手指的左手接过黄灿灿、含着露水的太阳花，脸上泛起了淡淡的红晕。

1981年5月的一天，格洛斯特郡孤儿院来了两位陌生的探望者，他们是一对夫妇，辗转得知当年自己在那场噩梦般的医疗灾难中生下的孩子，竟然活到了今天。达伦被叫到了会议室，夫妇俩立刻拥抱他，泪如雨下。达伦有些害怕地看着他们，直到夫妻俩用颤抖的声音说了一句：“孩子，对不起！”达伦的鼻子一阵酸楚，19年来，他终于第一次见到了自己的父母，这是他奢望了多少年的一刻啊！

接下来的好几天，达伦一直沉浸在突如其来的幸福里。临行前的夜晚。歉疚无比的夫妇俩决定第二天带着达伦回德国柏林，好好地照顾他。得知消息后，达伦犹豫了，他想起了形影不离的伙伴露易丝。

露易丝遍寻不见，她在哪里呢？达伦离开孤儿院，一路狂奔到格洛斯特湖。露易丝果然在这里，她瘦小的身躯藏在轮椅里微微颤抖。直到达伦叫了她的名字，她才止住颤抖，轻轻地回过头，浓密的睫毛上挂着闪闪的泪珠。

达伦心疼地低下身子，看着露易丝。他想替她擦去眼角的泪水，可是他只有一只永远也伸不过去的手。他轻声地问："你怎么哭了？"露易丝吸了吸鼻子，笑着说："恭喜你，我听约翰说，你要和你的父母回德国了。"

达伦咬着嘴唇，不发一语。过了片刻，他跑到湖边的草地上，拔起了一束已经收拢了花瓣的太阳花。他把花递给露易丝，突然说："我不要和他们回德国，只想和你生活在一起。请你嫁给我吧！"

空气凝固。过了很久，露易丝并没有接过达伦递过来的花，她悲伤地说："我不能答应你，你还是回德国吧。""为什么？"达伦看着露易丝的眼睛。

露易丝哽咽难言，她说什么呢，说自己不能剥夺达伦刚刚找到的幸福？说她是一个不能照顾自己、也不知道能活多久的"海豹儿"，不愿拖累他？最后，她看到站在不远处、推自己来到湖边的义工乔治，不假思索地说了一句："因为我喜欢的是他，他比你英俊、成熟。最重要的是，他能够用手推着我来湖边散步。你，还是去寻找自己的幸福吧。"

达伦手中的太阳花瞬间散落一地，随着这些花朵散落的，还有他那颗情窦初开的心。他忍住马上要掉下来的眼泪，迅速转过身，黯然离开了荡漾着银白色月光的湖面。

2

1987年春天，露易丝离开生活了25年的孤儿院。接走她的是她的丈夫——同在孤儿院长大的健康男孩约翰，院长乔治夫人是他们的介绍人。这个内向而善良的小伙子有着强健的身体、朴实无华的外表。他寡言少语，不懂浪漫，从来不会在推她散步的时候送她太阳花，尽管达伦曾经几乎要贴到地面才能采起一朵，而他仅仅需要弯一弯腰。

自从达伦离开了孤儿院，露易丝的心就如同那晚合拢了花瓣的太阳花，再也没有在爱的阳光下悄悄绽放。当慈爱的乔治夫人把当了工人的小伙子约翰介绍给她的时候，她心里浸满了很久没有过的幸福与悲伤。

1989年9月3日，露易丝生下大女儿丹妮。看到女儿的那一刻，她忍不住在约翰的帮助下。吃力地伸出自己残缺的手，不停地抚摸丹妮健康的小手小脚。丹妮躺在露易丝怀里，尽管露易丝没有双手环抱她，她依然睡得甜美而安详。露易丝禁不住流下了幸福的眼泪。

1993年7月，儿子赫尔曼也来到了这个世界。1994年7月一个寻常的夜晚，露易丝正在吃力地给赫尔曼换尿布，约翰突然毫无征兆地说："我们离婚吧！"露易丝吃了一惊。

"对不起，在和你结婚的时候，我只是很想照顾你，因为我觉得你是那样孤单。我们之间只有亲人一样的感情，没有爱情。你的眼睛，在丹妮和赫尔曼出生以后，就很少注视过我。我不得不告诉你，我爱上了别的女孩，也许我们还是要去寻找各自的爱情。"

露易丝什么都没说，只是点了点头。这7年来，约翰一直无微不至地照顾着她，她知道他的耐心或许会走到尽头，可是她并没有权利责怪他，因为她的心里一直有一个人，只有那个人的笑容才会像阳光一样照耀那些合拢的太阳花。

露易丝离婚了，她坚持把儿女都留在自己身边，虽然她不得不靠政府的救济金请来一个24小时的护工照顾自己和孩子。她坚强地学会了做尽可能多的事情，包括趴在方向盘上费力地开车送孩子去幼儿园，用特制的超长锅铲为孩子准备味道鲜美的晚餐……

这一年的平安夜，露易丝和孩子们沐浴在柔和的烛光中，她正在给他们朗读《格林童话》，门外响起了轻轻的敲门声。护工打开门，门外是一对年过五旬的夫妇。露易丝的心里突然升起一股强烈的预感，这两个人一定是自己生命中至亲的两个人！

露易丝的预感是对的，前来探望她的正是父亲大卫和母亲凯瑟琳，此时他们已经是伦敦颇负盛名的艺术品经销商，同时也是3个健康孩子的父母。

如果不是看到BBC电视台关于“海豹儿灾难事件”的回顾以及后续报道，夫妇俩或许此生再也不会回到这片伤心之地。

露易丝恍惚回到了多年前的那天清晨：达伦的父母来找他们的儿子，在格洛斯特郡孤儿院会议室的落地玻璃前，小小的她蜷缩在轮椅里，满眼都是羡慕。想到这里，露易丝笑了：“这是上帝的疏忽，不是你们的错误。尽管在过去的30多年里，我从来没有像今天这样感受到你们的爱，但在丹妮出生的那一刻，我就理解了你们当初的痛苦，我相信你们是爱我的，只是不能看着我孤独地死去。现在我活下来了，并且是一个母亲，这是最愉快的事情！”

3

时光飞快地流转，丹妮和赫尔曼都已经长成大孩子，大卫夫妇会在有空的周末过来探望他们。如果生活一直这么平静地继续下去，露易丝觉得她的生命其实已经足够完整了，只是她常常会在深夜因剧烈的疼痛而失眠的时刻想起那片太阳花盛开的草地。想起那些花儿，她会觉得温暖与安宁。

随着年龄的增长，露易丝的后遗症一天比一天明显，缺乏了四肢的骨关节一直疼痛，偏头痛也会周期性发作，她不得不借助安眠药以及剂量越来越大的止痛药。2002年秋天，露易丝左侧的肾脏坏死。在大卫夫妇的照顾下，她幸运地找到了合适的肾源，并进行了移植手术。

2003年1月，在家养病的露易丝无意中看到了《弗利特时报》上的一则报道，她的心一瞬间被深深地刺痛了：时值“海豹儿事件”40周年纪念日，很多人都已经遗忘了上世纪那场悲剧，欧洲以及澳大利亚、日本等10万“海豹儿”因此而死亡。如今尚且幸存于世的“海豹儿”中，有456个生活在英国，而他们中的绝大多数都在和贫穷与疾病做着最绝望的对抗。

露易丝突然觉得自己应该做点什么。她疲惫的心仿佛被注入了一股新鲜的力量。很快，身体基本康复的她找到了《弗利特时报》的记者，在新闻媒体的帮助和父亲大卫的全力支持下，成立了一个“英国海豹儿之家”。

此后几年里，露易丝仿佛找到了生命的支点，千辛万苦地寻找着散落在英国各地的“海豹儿”。她要找到他们，给他们温暖的家，帮他们寻找亲人，一起为维护自己的权利、争取赔付作最大的斗争。她鼓励大家：“我们并不是为了要很多的钱，而只是为了能够生存。”

2008年5月19日，在德国柏林召开了一场全世界46个国家的“海豹儿”共同参加的纪念会。作为“英国海豹儿之家”的主席，露易丝受邀参加了这次会议。活动开始了，现场一片安静。话筒中传出主持人的声音：“欢迎今天前来参加纪念会的各位，你们是一直在和生命作斗争的勇者。下面，请世界‘海豹儿’慈善联合会的主席达伦先生致开幕词。”

雷鸣般的掌声响起，露易丝手中的讲稿突然滑落在地，她惊呆了：那微笑着走上台的不正是27年前的初恋爱人达伦吗？没想到，她今生还有机会见到他。泪水很快模糊了露易丝的眼睛，她全然听不见现场的声音，直到助理海伦拍了拍她，将她推上了演讲台——她是大会的第一个发言人。

会后，在柏林公园绿意盎然的草地上，达伦轻轻推着露易丝，他依然是用自己的双脚踢动轮椅。只是，当年清瘦的少女如今已经成为胖胖的中年女人，他推得颇有些吃力。沉默了很久，露易丝和达伦几乎是异口同声：“你还好吗？”

露易丝笑了笑，先回答：“我很好。我的父母找到了我。我已经是两个孩子的母亲。你呢？”达伦的目光黯淡下去，他沉默了片刻，说了一句：“感谓上帝，你真好！”

3天后，露易丝返回了英国。在达伦的帮助下，露易丝联合英国375名已经寻找到下落的“海豹儿”一起，联名向当年生产致病药物的厂家提出了赔偿申请。接下来的工作繁琐而艰辛，达伦却毫不犹豫地接过了重任。露易丝有些为难地问他：“这么辛苦，你怎么抽时间去照顾家人呢？”

这句话问到了达伦的心里。27年了，连他自己都不敢相信，从离开格洛斯特郡的那天起，爱情之门就悄悄关闭了。为了忘记悲痛，他几乎把所有的时间和精力都投入了世界“海豹儿”慈善联合会，仿佛这是他与露易丝之间唯一的心灵纽带。

“父母去世后，我已经没有其他家人了。”达伦伤感的回答让露易丝惊呆了，她忍不住有些颤抖：“难道是因为我的拒绝，你一直独身到今天？”达伦深情地说道：“是的，我永远没有忘记你。”露易丝突然想起前夫约翰的那句话“也许我们还是要去寻找各自的爱情”。她鼓起勇气对达伦说：“其实，我早在1994年就离婚了……”

2008年8月24日，达伦前往英国。带去了一个振奋人心的好消息：在世界“海豹儿”慈善联合会与英国“海豹儿”之家的联合努力下，英国375名“海豹儿”获得了总计200万英镑的赔款！英国《每日邮报》和国家电视台都争相报道达伦和露易丝的事迹，很多人深受感动。

2008年9月25日，英国格洛斯特郡郊外，金色的阳光洒满整个格洛斯特湖。依旧是在湖边那片开满黄灿灿的太阳花的草地，达伦再次向露易丝求婚：“请你嫁给我吧。”空气凝滞了，27年来的遗憾与相思，顷刻间化作幸福的泪水。这一次，露易丝没有拒绝。

49

新疆维吾尔自治区青河县有一口直径1.2米的“团圆锅”——县里谁家有喜事，就会借去做抓饭、炖羊肉。在过去的46年里，这口锅帮助主人阿尼帕养育了19个儿女，其中，有10个是来自维吾尔、汉、回、哈萨克4个民族的孤儿。每当看到自己家180多人聚会在一起的时候，阿尼帕老妈妈总是高兴得合不拢嘴：“我觉得很幸福！”

母爱无疆
——维吾尔族老妈妈与她的和谐大家庭

□长　城

为了孩子们不再流浪

阿尼帕1956年随父亲从蒙古回到了新疆阿勒泰地区的青河县定居。后来，阿尼帕嫁给了从部队转业到县公安局工作的维吾尔族小伙子阿比包，生下了自己的两个孩子，加上因父母去世一起生活的3个妹妹，一家7口人过上了虽然清淡但却幸福的日子。

1963年。阿尼帕的哈萨克族邻居牙和甫夫妇相继去世，他们的3个儿子成了孤儿，其中大的19岁，小的只有14岁。那个时代的家庭，无一不是饱受3年困难时期的困扰，阿尼帕全家人的生活仅靠丈夫阿比包每月47元的微薄工资，但出于母爱和本能，阿尼帕和丈夫义无反顾地收养了3个没了爹娘的孩子。

1974年一个特别寒冷的冬日，11岁的王淑珍兄妹4人在父亲去世后，随母亲改嫁去了继父家里，不久，母亲又撒手人寰，兄妹几个便开始流浪街头。阿尼帕的妹妹在医院门口发现了冻饿交加的小淑珍，便将她领回姐姐的家中。

小淑珍一进家门，屋里正在玩耍的孩子全都捂着鼻子跑了出去，小淑珍满脸污垢，身上衣服又破又脏，头上长满了头癣和癞疮，流着散发臭味的脓水，整个人看上去没有一处是完整的。

阿尼帕心疼地将小淑珍浑身上下擦洗干净，换上暖和的衣服，又给她做了一盘香喷喷的拌面。之后，阿尼帕天天用盐水给小淑珍洗头，丈夫阿比包还带她去医院看病，在他们的细心照料下，小淑珍头上的癞疮慢慢好了，并长出了乌黑的头发。

就这样，在毫无血缘关系的阿尼帕家里，小淑珍一生的命运从此改变。阿尼帕给小淑珍取了维族名字哈比扎，就是“维护、保护”之意。

小淑珍在阿尼帕家住了一段时间后，阿尼帕心想：孩子还是和亲生父母在一起好。她带着这样的想法，与小淑珍回到了她原来的家。可当阿尼帕推开小淑珍家门的一刹那，她呆了，两间破旧低矮、阴暗潮湿的土坯房里，几个孩子正蜷缩在地上的旧毡子上。“继父疾病缠身，没有劳动能力，家里没了经济来源，哥哥妹妹已经有很长时间没有吃过饱饭了。”小淑珍这才说出了自己的苦衷。

小淑珍和3个兄妹，加上继父金学军家里的4个孩子，一家人吃饭都成了问题。看着这几个孩子，听着小淑珍的诉说，阿尼帕的心情更加沉重。回到家时，她身后跟了4个孩子。当时阿尼帕一家7口人仅靠丈夫一个月40多元的工资生活。而收养的孩子们也正是“半大小子吃穷老子”的年龄，困难可想而知。可看着这几个可怜的孩子，家人没有提出半句异议。

为了帮助阿尼帕一家，政府给每个孤儿每月发放15元的生活补贴，但这笔钱又被阿尼帕送给小淑珍的继父金学军看病去了。1989年2月，金学军在临终前，向阿尼帕一家对他和他的孩子的照顾表示感谢。

金学军去世了，留下金海、金雪莲、金花3个汉族孤儿，阿尼帕又敞开母性温暖的怀抱接纳了他们。

从收养3个维吾尔族孩子到收养7个不同民族的孩子，阿尼帕和丈夫阿比包付出了常人难以想象的艰辛，加上她自己生养的9个儿女，阿尼帕就有了4个民族的19个儿女。

“团圆锅”里的真情

一大家人，最让阿尼帕发愁的是20多口人一日三餐问题。她专门买了一口直径1.2米的大铁锅，做一锅饭一个人分不了一碗，锅就见底了；打一坑馕饼，十几个孩子围在馕坑边熟一个吃一个。在孩子们的记忆中，生活虽然苦，但从没饿过肚子。妈妈总是做好饭后就离锅远远的，喝一碗稀稀的奶茶，撒一把麦粒就是她的一顿饭。

为了让孩子们吃上饱饭，阿尼帕夫妇几乎把所有的收入都换成可以吃的东西了，并想尽一切办法弄吃的。丈夫阿比包下了班就去打土坯卖钱，还去帮别人宰牛宰羊，就是想得到一些牛羊杂碎，改善一家大小的生活；阿尼帕也经常在春天里去挖野菜，秋天出去捡麦子、拾土豆，用这些换面粉、玉米面给孩子们吃。

为了贴补家用，阿尼帕曾在县食品厂找了一份工作，说是工作，其实就是清洗羊肚和羊肠，每个月按计件可以挣上36元钱。这可是个苦差事，每天早晨起床做好孩子们的早饭后，阿尼帕就来到青格里河畔，开始了一天的忙碌。她的双脚常年浸在雪山融水里，双手不停地撕扯着羊肚羊肠上的粪便、杂物，把羊肠一根根地捋顺，又一根根地盘起……周而复始，一年又一年。

“那水多凉呀！可妈妈成天在里面洗羊杂碎，时间长了，就落下了风湿。”大女儿卡丽曼哽咽着说起母亲受过的苦，“当时我们都还小，甚至不知道心疼妈妈，只知道围在妈妈跟前要吃的。”那时，阿尼帕每天早上不到6点就要出门，晚上12点多才能回到家，回来后还要给孩子们洗衣服，第二天早上起来要打好馕才走。

当时阿比包家有4间土平房，10多个岁数差不多的孩子睡在一张大炕上，男孩睡一边，女孩睡一边。麦草上铺床单，再盖一条破旧的大毯子。但阿尼帕收养的孩子们回忆起童年生活时，更多的是幸福和快乐。男孩子们帮助爸爸打土坯、放羊。女孩子们帮助妈妈洗衣服、洗羊头。每个人都为这个家贡献着力量，同时也享受着家庭的温暖。阿尼帕家里养了一头奶牛，如果哪天奶卖不出去，就是孩子们最快乐的时候了。妈妈会把剩下的奶做成酥油，大家围在妈妈的身边，她会让大家舔她手上粘着的酥油，味道美极了。一群孩子排着队，妈妈把酥油一小勺、一小勺地喂进孩子们的小嘴里。

尽管连吃饭穿衣都很困难，但阿尼帕夫妇省吃俭用，从牙缝里省出钱来，让孩子们上学。家里用不起电灯，阿尼帕就找来破棉絮搓成条，放在羊油碗里照明，让孩子们学习。她的19个孩子没有一个因家里穷而辍学。

对于收养的孩子，阿尼帕夫妇待他们比亲生孩子还亲。卡丽曼至今记得："有一年，妈妈买回一条淡绿色的裙子。我是大女儿，又是亲生的，从没穿过裙子。可妈妈却把裙子给了收养的索菲亚。我伤心得大哭。妈妈说，你是大姐，要让着妹妹。"

1994年，对阿尼帕一家来说，是个悲喜交加的日子。他们收养的孤儿中最小的女儿金雪莲就要出嫁了，而不久前，老人的亲生儿子、33岁的阿奔在帮助村民修建暖圈时，不幸被土墙砸死。这个打击对阿尼帕来说犹如晴天霹雳，可女儿出嫁的日子已经定好了，不能改。就这样，老人忍着巨大的悲痛，为金雪莲办了个热热闹闹的婚礼。婚礼上，阿尼帕将自己唯一的一枚金戒指送给了金雪莲。

很多老乡家里有喜事，也都会找到阿尼帕，借她家的大锅去做抓饭、炖羊肉。人们给这口锅起了个好听的名字：团圆锅。青河县各族群众都说，只要用了这口锅，家里就会像阿尼帕家一样团结、和睦、幸福、快乐。

爱心一代一代传递

家里本来就很穷困，为什么还要收养那么多孩子？从热黑记事起，这个问题便久久盘旋在心里。一天，率真的热黑悄悄找到了父亲阿比包，说出了心中的疑问和不解。

这天夜里，父女俩有了一次长谈，阿比包向女儿讲述了很多往事。原来，阿比包也是个孤儿，从小没有享受过家的温暖。早年参加过“三区革命”，上世纪50年代初随大部队转战到青河县。初到青河县时，无依无靠的阿比包得到了很多好心人的帮助。后来，阿比包遇见了刚刚失去父母的阿尼帕。

“要不是有那么多好心人的帮助，我和你妈妈早死了，帮助过我的人也没有因为我们是哪个民族而不帮我，汉族、蒙古族、回族，我们都是一家人，要是没有党的好政策，单凭我和你妈妈是没有办法抚养这么多孩子的。”阿比包经常这样对儿女们说，“虽然我们不能让你的哥哥姐姐们过上很好的生活，可是，我们能给他们一个家，让他们能叫声‘爸爸妈妈’，这样他们就不会觉得孤单了。”

听了父亲的话，小热黑慢慢理解父母了，在她还少不更事的心里首先懂得了：人要知道感恩，要像爸爸那样，记住好心人的帮助。

艰苦的生活没有磨灭孩子们的童趣与天真。孩子们团结互爱，从没人说谁是孤儿，哪一个是汉族、哪一个是维吾尔族，因为他们常听妈妈说：“不管是哪个民族，你们都是我的孩子。”

阿尼帕夫妇的行为在悄然影响着他们的儿女。19个兄妹们用不同的方式，接过父母手中的民族大团结的接力棒，纷纷投入到扶贫帮困，收养孤儿的行列里来。

儿子阿奔因墙塌身亡，留下了两个读书的孩子。“你们只管上好学，有困难就给四爸打电话。”王作林承担起了“父亲”的职责：按时给孩子们寄去学费、生活费，隔三差五给孩子们通个电话，嘘寒问暖。两个孩子一放假，总是先到“四爸”家住一段时间。

大女儿卡丽曼在青河县城建局工作。2007年的一天，卡丽曼上中学的女儿告诉她，班里有个学习成绩优秀的哈萨克族女同学，父亲去世了，母亲没有工作又有病，这个同学压力很大，想辍学。卡丽曼听说后，当即让女儿把这个女孩接到自己家中。

从小吃阿尼帕的奶长大的侄女热孜万古丽是青河县希望小学的教师。她资助了3个贫困学生，她说：“从我姑妈身上我们学会了爱，学会了帮助更困难的人。”

2008年汶川大地震发生后，阿尼帕夫妇从不多的收入中拿出1000元捐给灾区。阿尼帕看着失去父母的孤儿们总是在流泪，她找到县民政部门的领导说：“我们现在生活不知比过去好了多少倍，我愿意再收养10个孤儿。”在阿尼帕老人的感召下，全县有10多个家庭向民政部门提出收养地震孤儿的请求，牧民们赶着牛羊来县城捐款，在这个贫困县，各族人民向地震灾区捐款竟达130多万元。

2010年春节前夕，69岁的阿尼帕荣膺2009年度“感动中国”人物。

有一幕动人的情景总在这个家庭上演：每到过年过节，孩子们无论年龄大小都会回家团聚，180多口人围在老人膝下承欢。孩子们像归巢的小鸟一样回到家时，也是老人最幸福的时候。那张饱经沧桑的脸笑成了一朵雏菊。调皮的索菲亚这时会故意问：“阿妈，你对哪个孩子最好？”老人总会咧着没牙的嘴哈哈大笑：“手心手背都是肉，一样亲！”

50

一场意外，使年轻的建筑设计师成为了意识清楚但四肢全瘫痪“亚死人”。而在女友支持下，他以超强的毅力，设计出了79个楼盘，还在女友最危难的时候，爆发出惊人的潜能，挣脱了困住自己四年的“死亡锁链”。

绵阳“霍金”站起来全赖生命女神伴他左右

□ 绵州虹 张　宁

今年29岁的刘海荣是一位建筑设计师，家住四川省绵阳市绵州大道。2006年4月27日，他去城北参加一幢大楼的开盘庆典。这个楼就是他领衔设计的，来宾们对楼顶呈水晶鞋形的设计兴趣浓厚，需要他去讲解。

电梯还没有调试成功，大家只有爬楼梯。那天参观的人很多，其中混杂了一些吃了零食后乱丢果壳的人，当爬到9楼时，刘海荣一不小心，踩着了一块香蕉皮，脚下一滑，从9楼滚到了8楼的转角处……

他拒绝了女友，心却在滴血

刘海荣滚下楼梯之后，身子竟无法动弹了，也无法说话，连转动一下眼球都不可能。他被紧急送往绵阳市中心医院，经过检查，医生发现他双侧脑桥都发生了梗死，也就是说，给这里提供营养的动脉血管被堵塞了，医学上称作“闭锁综合征”。这种病人意识清楚，对疼痛和声音有感知，但大脑已无法掌控身子，看上去就像是个“亚死人”。

好在抢救及时，医生对刘海荣采取了溶栓治疗。半个月后，他的眼球已能向两侧移动，并也能自主呼吸和进流食了。这已经是个奇迹，但他哪受得了这么大的打击啊！他想到了自己暗淡的前途，想到了此时正在德国留学的女友黄晶晶，他无法接受自己终身都要躺在床上这样的事实，他多次想到了自杀。可是四肢无法动弹的他，却连自杀的能力都没有！

刘海荣开始绝食，父亲刘成把食物送到他嘴边，他就把嘴闭得紧紧的。他绝食，父亲也跟着绝食。刘海荣从小生活在单亲家庭里，是父亲含辛茹苦把他培育成人，父子俩的感情很深，他怎么能忍心让父亲和自己一起死呢，他只能进食。

刘成知道，要想让儿子坚强地活下去，就必须给他精神支柱，尤其不能让儿子的女友在这个节骨眼上抛弃他！刘海荣受伤后，黄晶晶也来过几次电话，都是刘成接的，他每次都谎称儿子正在忙着，但长期这样下去肯定不行。一天，刘成去银行取款，发现大厅里有一台触屏式电脑。他想，如果给儿子买一台这样的电脑，他就可以通过网络与女友、与外界交流了，也许能把儿子的注意力从他的身体上转移到别处去。

搬回电脑那天，刘成把儿子推到桌前，“这是一台配有手写板的电脑，虽然你的手没法动，但你把这根像吸管一样的手写笔衔在嘴里，写字、画画都可以。”刘海荣试着用嘴叼起手写笔，在手写板上画了一下，显示屏上立即显示出了一道，他眼里迸发出了惊喜的亮光。

经过一个星期练习，刘海荣已能熟练地运用这台触屏式电脑了。他在QQ里和网友们聊城市建设，聊世界各地著名建筑的设计风格。很快，他就拥有了一批铁杆粉丝，这让他对生活增添了信心。

当然，现实的落差，也会激起刘海荣内心的酸楚。他已不敢对黄晶晶再抱有希望了，于是，故意对她很冷淡。黄晶晶和他在西南科技大学读书时就恋爱了，她相信他们的感情，便怀疑刘海荣出了意外，还托母亲从南充赶到刘家去看个究竟。

知道真相后，黄母在表示了一番同情之后，就匆匆离开。这虽然是刘海荣早就料到的结局，但真正看到黄母离去前看他的表情时，他还是很痛苦的。此后，在长达一个月的时间里，他都没有上网，每天都是默默地盯着屋顶垂泪。

刘成怕儿子毁了，就带儿子去外面散心。2006年9月的一天，他推儿子去体育馆，在斑马线上被一辆摩托车撞成了粉碎性骨折。看到满头白发的老父亲为自己伤成这样，刘海荣泪流满面。前来照顾他的伯父说："你爸没法这样照顾你一辈子，我们去农村为你找个伴儿吧。"

伯父的意思是说，刘海荣这个情况，要在城里找个女友是不大可能的，干脆找个贫困山区的女人来照料他的生活，刘海荣将来走后，他的房产就归对方继承。可这绝不是刘海荣想要的结果。

苦难中的浪漫，用你的设计站起来

一天，刘海荣刚一打开QQ，就看见黄晶晶的头像在闪动。黄晶晶说，她要在圣诞节回来，要刘海荣当面给她个答复。刘海荣只好留言说明了缘由。

黄晶晶家境良好，正在波茨坦大学攻读企业经济学硕士学位，她原准备回国后到绵阳一家大型国企工作，然后与刘海荣结婚。她对爱情单纯执著，所以母亲不敢把刘海荣的实情告诉她。

当晚，黄晶晶看到了刘海荣的留言，急忙打电话来询问是不是真的，刘海荣无法接听她的电话，父亲刘成向她坦白了一切。黄晶晶心里一震：老天怎能这么残忍啊，要把我们的幸福从天堂打入地狱！她让刘伯伯把手机放到刘海荣的耳边，鼓励他说："海荣，你是个优秀的男人，既然我已经认定了你，无论你发生了多大的灾难，或者成了什么样子，我都不会放弃，我愿意守护你终生，并治好你的病，我相信你终有一天会站起来，当然你也要有自信……"

黄晶晶想立即放弃学业，回到刘海荣身边，刘海荣在网上强烈制止她道："如果你真希望我们在一起，你就得学有所成，有了好的收入，才能为我治病。"

之后，两人常在网上聊天。每次一谈起建筑设计，刘海荣的思路就特别清晰，表达也很流畅，这让黄晶晶怀疑他是不是夸大了病情。

为了验证情况，2006年圣诞节，黄晶晶回国来到绵阳。当她突然站在刘海荣面前时，他惊呆了，到海外镀了一年金的她显得更加美丽，她随便往哪里一站，都是一道引人注目的风景啊！无边的自卑击碎了刘海荣的梦想：认命吧，不要再做青蛙变王子的美梦了。

面对眼前的恋人，黄晶晶的心也凉了半截：昔日的王子不复存在了，眼前的刘海荣已成了一个仅能睁眼、吞流食的"亚死人"，两个人面对面，说话还得求助于电脑，无法拉手，无法亲昵，跟这样的人在一起会有幸福吗？怪不得母亲都不忍心把他的惨状告诉自己。黄晶晶流下了两行眼泪，一半为刘海荣的不幸，一半为自己感到悲哀。

刘海荣立刻看出了苗头，在电脑上写道："谢谢你赶回来看我，凭这一点，我就知足了。如果让你和我在一起，这太不公平了，换作谁都不会答应的。你走吧，不要有任何负疚。"

黄晶晶犹豫的时候，心里也在回味以往的情景：他们曾在一起画画、捉螃蟹、在天桥上指点全城的建筑。她心里在一遍又一遍地问自己："难道自己的爱情就真的变得这么脆弱，在灾难面前不堪一击吗？现在的医学这么发达，难道就真的没办法让他重新站起来吗？"因此，她说："海荣，你相信自己还能设计出美丽的建筑物吗？"刘海荣肯定地表示：能。黄晶晶高兴地说："那我就能相信你会重新站起来！"

黄晶晶想带刘海荣去德国治疗，但遭到了家人的强烈反对。她只好独自回到德国，到处打听德国哪家医院能治疗"闭锁综合征"。后来，她终于得知柏林的夏里特医院有治愈这种病的先例，但治疗费却高达5万多德国马克，相当于人民币24万多元。她拿不出这么多钱，为了筹款，她只有以各种名义向家里要钱，自己却一日三餐吃最廉价的食物充饥。

2007年3月，波茨坦郊区有块地要开发楼盘，向社会征集最佳设计。黄晶晶眼前一亮，何不让刘海荣试试？如果采用，那笔钱就足够支付他的治疗费了，即使人家看不上，也可以锻炼他的头脑。

为防止失败对刘海荣的打击，黄晶晶只说帮朋友做个设计，并把资料传给了他。

一个月后，刘海荣完成了设计，他不仅将建筑与周围的环境巧妙地融合在了一起，甚至还考虑到了当地的文化风情。

刘海荣的作品一送上去，就受到了德国开发商的青睐，获得了6万德国马克的设计费。很快，他被黄晶晶接到了柏林治疗。可惜的是治疗了一年，钱花光了，他的病却毫无起色。无情的现实再次击垮了刘海荣的信心，回到波茨坦小城，他再度沉默了。

为了打开他的心结，黄晶晶告诉他："一个人的价值不在于有多健壮的身体，而在于他能对家庭、对社会做多大贡献，从这个意义上说，你仍然是优秀的。你一定要坚强起来，为我设计出更多的楼盘，我要靠它买大房子哩。"刘海荣眼里放出了亮光。一连写下三个"好"字。

这时，黄晶晶已分明意识到刘海荣无法离开她了，她觉得拯救爱人比完成学业，比将来找一份好工作更重要。2008年11月，她办理了退学证明，把刘海荣带回了绵阳。

只要有黄晶晶在身边，只要能体现自己存活的价值，刘海荣就会忘记疾病给他带来的痛苦。每天，黄晶晶都会推着他，去看绵阳近几年新建的楼盘，每到一处，刘海荣都十分激动，回来后，他总是感叹自己英雄无用武之地。每每这时，黄晶晶的心里就无比难过：真是造化弄人啊，如果不是那场灾难，刘海荣必定会成为这个城市最优秀的建筑设计师！

为了帮刘海荣圆梦，黄晶晶又推着他去绵阳城的各个开发区，看他能不能为已拍卖出去的地块，设计出让人眼前一亮的楼盘。

刘海荣不愧是名优秀的设计师，在离闹市区近的地方，他的设计理念是：离尘不离城，居于市，又大隐于市。他给依山的地方设计的楼盘都造型典雅，给靠水的地方设计的楼盘则都磅礴大气。每一次设计前，他都要征询黄晶晶的意见，和她在网上探讨；每幅作品完成了，只要黄晶晶不是特别满意，他都要进行修改……

遗憾的是，刘海荣的这些作品一个也没有被开发商采纳。开发商明确地说，不是设计不好，而是由于种种原因，他们只能采用专门的设计院的作品。但有一次，黄晶晶却发现有几处楼盘的设计明显模仿了刘海荣的作品。她悲怆地想：老天实在不该这样对待他啊！

爱的奇迹，“亚死人”打开死亡锁链

黄晶晶不能让刘海荣再经受失败的打击了，她退而求其次，又联系了一些小型建筑项目回来交给刘海荣设计。同时，她经常推着他四处观摩。渐渐地刘海荣的设计又重新开始被人接受了，设计图积攒起了厚厚的一沓，数一数，竟有79张之多。

2010年5月，黄晶晶听说隐居在江油窦团山上的一个老中医，会用针灸加中药，治疗闭锁综合征。她又推着刘海荣上了窦团山，治疗了一个多月，仍无好转的迹象，黄晶晶带着几乎绝望的心情把刘海荣推回了绵阳。

这天是6月17日，回到绵阳已经很晚了，两人经过一处冷清的路段时，几个流里流气的小青年蹿了出来，截住黄晶晶要“借”点钱。黄晶晶说没有，他们就要搜身。黄晶晶惊叫着反抗，一把匕首就放在了她的脖子上。黄晶晶吓坏了，被歹徒逼往黑暗的地方……

眼看爱人就要受辱，刘海荣忽然感觉浑身血液沸腾，也不知从哪来的力量，他拼命晃动脑袋，利用惯性将身体晃出轮椅，一头砸在手持匕首的歹徒脚上。更神奇的是，他本想用牙齿啃歹徒的腿，但他一张口，竟喊出了声音，“晶晶，快跑，报警！”

就在几个歹徒被刘海荣突如其来的反应弄愣了时，几束摩托车灯光扫了过来，是巡警！歹徒们撒腿就跑。

刚才发生的一切恍若梦中，黄晶晶泪流满面地把刘海荣抱起来，摸着他的脸问：“你刚才说话了？”然而，刘海荣努力了好半天，却只能发出“啊，啊”的声音。

不管怎样，刘海荣能发出声音了，这是关键性一步。与此同时，黄晶晶分明感到刘海荣的手指也在微微地颤动。她捧起刘海荣的手，把头伏在上面，喜极而泣。

在绵阳市中心医院，医生对刘海荣全面检查后说：“这的确是个奇迹！刘海荣的脑桥基底部受损，双侧皮质延髓束与皮质脊髓束均被阻断，外展神经核以下运动性传出功能丧失，但在女友处于危难时，意外的力量在他大脑里涌动起来，打开了通道。”医生说，只要坚持训练、吃些溶栓药物，刘海荣完全有可能恢复。

从那以后，黄晶晶就像照顾婴儿一样照料着刘海荣，教他说话，给他做按摩。一个月后，刘海荣能简单吐字了，也能站立了。只是这时，他的双脚站立一会就要发肿，手指没有握力，吃饭喝水仍要喂。到了2010年9月底，刘海荣已能用断断续续的语言与人交流，能独立行走和用手指打字了。

在接受采访时，刘海荣一再称黄晶晶是给了他第二次生命的女神。黄晶晶则说：是他用坚强和对她的爱拯救了他自己。试想：一个“亚死人”，3年多时间，根据女友要求设计出了79个楼盘，这需要多么惊人的毅力！因此，他在关键时刻打开死亡锁链，既是偶然，也是必然。

51

记者经常来拜访崔志荣。最常出现的一段访谈是：

“大娘，您为什么要收养一个日本孩子呢？不觉得这是敌人的孩子吗？”

“一个孩子，又不是日本兵。孩子没罪，应该养啊。”

“她在日本，不能常回来，您想她吗？”

“孩子好就行呗。”

人性光辉：日本遗孤与中国养父母的动人故事

□尹　丽

这是一个特殊的群体——日本遗孤。他们身上，交织着太多的爱恨情仇。而在这些复杂的情感之中，令人们最为动容的，便是他们与中国养父母之间故事的点滴。战争的产物，敌国的子民……这些沉重的字眼，像是一道道伤口，需要爱的舔舐。

如果不是学者们敏感的触觉与深入的探访，日本遗孤与中国养父母的故事或许会尘封于历史的角落中。因为大多数养父养母已经辞世，而当年在中国家庭中的日本孩子，也步入垂垂暮年。

但是，即使时间的河流能将生命的光彩与活力冲刷殆尽，却无法磨灭人性之中最美、最温暖的那道光辉。

“我小时候，一点儿没受着屈”

尽管用着地道的中国名字，常年生活在哈尔滨市，说话也是浓浓的东北口音，但部凤琴其实是个日本人。更为确切地说：部凤琴是一名日本遗孤。

作为中日近代关系史上的一个特殊人群，日本遗孤是指1945年日本战败投降后，日本人在撤退遣返期间，被遗弃在中国并由中国人抚养长大的日本孤儿。

日本侵华后，部凤琴的父亲带着一家人来到了中国。1945年，部凤琴5岁。也是在那一年，部凤琴的父亲不知去向。母亲小林招子面临着养不活女儿的难题。

一天，部凤琴被母亲领到了一户姓部的人家门前。尽管年龄尚小，部凤琴也明白母亲要丢下自己。她不停地哭闹，“妈妈，别丢下我……”她用日语喊着。但最终，母亲只留下一个背影。将女儿送给部家后，小林招子便嫁给了叫王福至的中国人，并生下一个女儿，取名红梅。

从此，部广忠便成了部凤琴的养父，王玉华则成了她的养母。尽管童年的记忆已经斑驳，但部凤琴总在与人聊天时说：“我小时候，一点没受着屈。”

养父母家做着修车铺的生意，生活比较富裕，一家人常常下馆子吃饭。一个令部凤琴至今感到温暖的镜头是：年幼的她蹦跳着经过饭馆的玻璃窗，一侧脸，发现养父坐在里头微笑着冲她招手：“来，来，进来……”养母也宠爱着部凤琴，尤其喜欢把她打扮得漂漂亮亮。在商店里看上好的衣服款式，养母总要给她买上不同颜色的两套。这一“传统”也被部凤琴延续至今。而若是听到有人指着部凤琴叫“小日本鬼子”，养母就一改平日的温柔，立马冲到别人家里“和人干一仗”，像一只急于护仔的母鸡。

类似的记忆也存在于日本遗孤藤川和子的脑海中。

因为生母的骨灰已被弟弟带回日本，每年，藤川和子烧纸钱的对象，都只是中国的养父，也是她的继父尹天信。

已经74岁的藤川和子现在也居住在哈尔滨。1941年，她被母亲带来中国。9岁那年，典型的山东汉子尹天信成为了她的继父。不久，藤川的母亲去世了。但尹天信对藤川一如既往地好。尹天信是个泥瓦匠，一双粗糙的手上布满老茧。一到夏天，原本白皙的皮肤就被太阳晒得黑红黑红。

藤川话语不多，但心疼养父。她给尹天信缝制了一双又一双手套，每双都用了四层布料。即便这样，手套还是很快被磨破了。

“爸爸……”藤川看到手套，心里一紧，但欲言又止。

“我得供我丫头读书啊，嘿嘿。”养父憨厚地咧嘴笑着，“我可不能让我丫头跟我似的，我要我姑娘坐办公室，风吹不着，雨淋不着。”

在养父的支持下，藤川暗自告诉自己，一定不能落后，要争一口气。念书时，她成绩一直不错，考上了长春地质学校。工作后，当上长春一家印刷厂的厂长。

“孩子没罪，应该养啊”

与部凤琴和藤川和子相比，日本遗孤秦艳君的幸运之处在于，自己的养母崔志荣还健在，今年已经89岁高龄。

1990年，日本人笠贯尚章在得知中国养父母与日本遗孤的故事之后，在长春投资修建了一座“中日友好楼”，专供中国养父母免费居住。楼房竣工之后，崔志荣和老伴秦家国搬进了这座楼里。2005年，秦家国去世了。

记者经常来拜访崔志荣。最常出现的一段访谈是：

“大娘，您为什么要收养一个日本孩子呢？不觉得这是敌人的孩子吗？”

“一个孩子，又不是日本兵。孩子没罪，应该养啊。”

“她在日本，不能常回来，您想她吗？”

“孩子好就行呗。”

崔志荣和秦家国的养女叫秦家艳，日本名是胜目寻美。1946年，在长春的一个破烂堆里，被秦家国当时的妻子领回了秦家。

上世纪90年代初便开始对日本遗孤现象进行调查研究的民俗学家曹保明，在笔记本上记下了当年秦家国记忆中夫妻二人的对话。

“这是个日本孩子，将来会不会有事呢？”

“反正是个孩子，管他日本还是哪儿的。现在她这么可怜，咱不救她，她可能就活不成了……”

上世纪70年代初，随着中日邦交正常化，日本遗孤问题开始得到日本政府重视。一批批日本遗孤相继回到日本。胜目与丈夫和孩子也决定回到远离已久的故土。

2011年3月11日，从电视里得知日本发生地震海啸后，秦家人的心都悬了起来。崔志荣的孙女也嘀咕着：“大姑他们回来住吧。”不久，胜目一家人打来电话：“前几天电话打不通，今天好不容易打通了，来给你们报个平安。”一家人这才算放了心。

“那个叫了一辈子的‘妈’，才是我的母亲”

在秦家人暂时松了一口气的时候，郜凤琴则在电视前失声痛哭。

她性格坚忍，并不是一个感情外露的人，尤其是在伤心的时候。

但此时，在新闻里看到，海水漫过大片农田，船只都被海浪推上岸边的惨状，郜凤琴实在是忍不住了。她想起了自己已过世近5年的亲生母亲。

1982年的一天，郜凤琴听说，自己的生母随日本访华团来到了国际饭店。她马上往饭店赶。此前，为了寻找母亲，她去山东莱州找过继父王福至，也得知自己还有一个叫红梅的妹妹。走进饭店大厅，郜凤琴刚要上楼，看到一个女人从楼梯上慢慢走下来，用颤抖的声音问道：“你认识王福至吗？”

“认识，我还认识红梅……”

这正是郜凤琴的生母小林招子。母女二人当即抱着哭了起来。而与人讲起这次重逢，郜凤琴显得很平淡。“缓过神后，我才感觉到，那个叫了一辈子的‘妈’，才是我的母亲。”

郜凤琴把养父母的照片都装在一个塑料文件袋里。当年生母给养父母留下的收养字据和一些发黄的老照片，都被她塑封上了。隔段时间，郜凤琴就把这些摊在床上，一张张拿起来看。

郜凤琴很想回日本看看。2010年，她原本有一次探亲机会，日本政府对旅费予以资助。但由于老伴的身体状况突然急转直下，她把买好的机票退了，留下来照顾老伴。

在日本政府的安排下，藤川去过几次日本。她日语说得还算流利，日本的亲属也对她挺亲切。可是，藤川却并不愿意回到日本。在日本的日子，虽然被亲友们照顾得很周到，但她总觉得自己身在异国。几乎每次由日本返回中国时，飞机在首都机场着陆的时候，藤川都要笑着对同伴来上一句：“哎呀，可算回到家了。”

生命逝去挡不住情感延续

在日本遗孤中，也有不少返回了日本。但他们同样割舍不断与中国养父母的情缘。

远藤勇就是其中一位。5岁那年，他被在距离哈尔滨市区约170公里的方正县的中国养父母刘振全、吕桂云收养，并被取名“刘长河”。

刘振全夫妇膝下无子，远藤勇的出现，弥补了这个遗憾。在家族里，没有人把远藤勇当外人。同辈人之间，他排行老四。弟弟妹妹都叫他“四哥”。为了抚养远藤勇长大，刘振全在林场做工，许久才能回家一趟。夫妇俩生活也很节俭，收入大都用来供远藤勇上学。而远藤勇也没有让家人失望。1960年，他考上了黑龙江大学俄语系。

1974年，远藤勇回到日本后，找到了自己的父亲。由于战争，日本家里的人已经没了一大半。在日本，远藤勇做过推销员，也在日本中文电台当过播音员，还曾经做过翻译。在熬过了创业最艰难的时光后，他开办了一家经营矿产的公司，生意逐渐红火起来。

1992年，刘振全病危。远藤勇从日本赶到病床前，日夜守护，直到老人去世。

1999年，吕桂云也躺在了病榻上，一阵清楚一阵糊涂。“恐怕是不行了，快打电话告诉四哥吧。”家族里的几个弟兄在一旁低声商量。

在远藤勇推门进房的一刻，有人凑在老人耳边说：“四哥回来了……”远藤勇张开双臂，一下抱住养母：“妈，我回来了。”老人似乎在等待这句话。慢慢地闭上眼睛，泪水从眼角滑落……

为了纪念养父母，远藤勇出资200万日元在方正县建成了一座“中国养父母公墓”。墓地中，只有一个圆冢，有台阶通到墓穴。墓穴内分层摆放着中国养父母的骨灰盒。只要有时间，远藤勇便会回到方正，到养父母的墓前祭拜。

2009年7月，远藤勇带着妻子、儿子、儿媳来到公墓前，并告知大家个中原因：“我年纪大了，回方正的时日也不多了，这次，我特意领儿子、儿媳回来，是事先做一个情感的沟通，以后，祭拜的事情就主要交给下一辈了。”

不远处，一个展示中国养父母资料的陈列馆又迎来了一批来自日本的游客。他们在陈列馆的留言本上写下了对中国养父母的尊敬与感激，同时敲响钟声，祈求和平。

虽然是个象征着生命终点的墓园，这里，却悄然诞生了新的开始。

52

叶明辉拉着养父的手，不无埋怨地说：“爸爸，您一直生活在江门，可您咋不来找我呢？你可知道我有多想您呀！”爸爸又一次泪流满面，哽咽着说：“看你们一直过得很好，我这辈子早就没有什么遗憾和牵挂了。”

“只要你们过得好”

□ 段奇清

一个诚心诚意希望别人过得好的人，他最终的结果也不会差。

1984年10月的一天，晚上9点多钟，他像往常一样给上床已熟睡的6岁的儿子掖好被子，然后打开收音机，将声音调得很小，收听省电台的节目。听着，他凝视着儿子稚气的小脸，禁不住泪流满面……

原来，收音机里正播放着一则寻人启事，一位母亲嘶哑着嗓子哭泣着说：她4岁的儿子在1982年初的一天，与她赶集时不慎走失，孩子的父亲已病在垂危，父亲渴望在自己为数不多的日子里能最后看儿子一眼。

这则寻人启事犹如一记重锤敲打他的心灵，因为他的孩子是买来的。

他是河南省南阳市卧龙区的一位菜农。1980年5月4日，一位中年妇女来到他的家。对他和妻子说，听说你们一直想抱养一个孩子。有一个孤儿，已两岁，被人抚养了一年多，要是给人800元钱，你们就有孩子养老了。

因妻子有病，结婚多年没有身孕，夫妻俩是想抱养一个孩子。可800元在当时不是一个小数目，他们那样的家庭，省吃俭用，两年时间也攒不上。

但夫妻俩后来看着那个孩子长着两只似乎会说话的眼睛，实在太可爱了，也就凑齐了钱给了来人。

中年妇女走后，孩子却一直咧着嘴哭着要妈妈，他们这才意识到那位妇女说谎了。果然，从孩子的衣服口袋中发现了两张从江门至广州的长途车票，他们断定：一定是人贩子在纷纷攘攘的车站趁父母不备，将孩子骗来的。

1983年，他的妻子不幸去世，从此，父子俩相依为命……

在他从收音机中听到了这则寻人启事后，不敢想像儿子的亲生父母在丢失了孩子后，是怎样一种悲痛欲绝的情境。他越想越不是滋味，打那以后，便整天寝食不安，体重急剧下降，短短几天，就瘦了10多斤。最后他痛苦地决定：把孩子送回去，让他们一家骨肉团聚。

1984年11月19日，他带着家中所有的积蓄，抱着穿戴一新的儿子，坐火车直奔江门。江门管辖着几个县市，欲找到孩子的亲生父母，谈何容易！于是，他下苦功夫，从江门最边远的恩平县的乡镇开始，一天转3个村，晚上则住最便宜的旅店。就这样，寻遍了恩平城乡的角角落落。后来他又到台山、开平、鹤山、江门，一路寻找到新会。

1985年6月的一天，他踩着三轮车来到新会县的睦州镇上，由于当时天气太热，便在镇西街一棵大榕树下休息。这时，他看见一个60岁左右的老人，瞅着在三轮车上睡着了的孩子直淌眼泪。他觉得蹊跷，掏出随身带的写着要寻孩子亲身父母的纸条给老人看。老人看后，一把抱着孩子放声大哭："明辉，你可回来了，爷爷这不是在做梦吧！"

原来老人看见孩子脸上有一颗痣，这颗痣与丢失的孙子长的是同一个地方。难道这孩子就是自己的孙子？老人不相信天底下有这么巧的事，也就不敢上前相认。

明辉姓叶，终于，孩子与亲人们团聚了！叶明辉与亲生父母倒陌生了，听说他要走，便死死拉着他的衣服不放。一个星期后，那天中午，趁着孩子熟睡之时他偷偷走了。

然而，他的身子虽然回到了南阳，可心灵却遗失在了新会。他整天想着儿子，再也没有心思种菜了。常常一个人发愣发呆。蓦然间，就听有人在身后叫爸爸，可一回头，只有空空洞洞的房子，还有那呜呜咽咽的风……原来那是他过分思念儿子产生的幻觉。

儿子也每天在想他啊！

1987年8月的一天，已经以优异成绩考上中央财经大学的叶明辉要去北京报名了。叶明辉坚决不让父母送自己去北京，只因为自己有一个心愿：去南阳看望养父，将自己这些年来的思念之情向父亲倾诉，也让父亲为自己考上大学高兴高兴。

在南阳下了火车，叶明辉按图索骥，终于找到了儿时4年间欢笑过、流过泪的家。可是，不见父亲的身影，只有一把锈迹斑斑的大锁挂在黑木门上。叶明辉向乡邻们打听，乡邻们都说，你的父亲于十多年前离去一直就再没回来过。叶明辉这才恍然大悟：为什么这么多年一直给父亲写信却没有回音。

养父去了哪里呢？在读大学的4年间，叶明辉也没曾停止过寻找打听。大学毕业后，叶明辉回到家乡江门，做起了经营古典家具的生意。在这期间，他也没少去过南阳，可依然不知道养父的下落。

时间到了2010年3月初，叶明辉花了40多万元，在江门鹤山市经纬花园买了一套70多平方米的房子，装饰一新后要送人了。叶明辉要送的这个人就是养父。

原来，一个极其偶然的机会，叶明辉知道了养父的下落。父子相见，两人抱头痛哭了一场。从养父的口中，叶明辉得知他这些年的一些情况。1985年底，经过半年多煎熬的养父再也承受不了对儿子的思念之苦，决定到江门收破烂，这一收就是25年。

在这25年里，他尽管没能与儿子说上一句话，可他觉得自己很满足了，因为隔三差五的就可以远远地看到儿子背着书包去上学，从上小学、初中、高中，到大学毕业后归来，直到儿子生意越做越红火，以致在江门、五邑各市都有了以叶明辉名字命名的加盟店，30岁刚刚出头的儿子已成为了江门市知名的企业家。

这时，叶明辉拉着养父的手，不无埋怨地说："爸爸，您一直生活在江门，可您咋不来找我呢？您可知道我有多想您呀！"爸爸又一次泪流满面，哽咽着说："看你们一直过得很好，我这辈子早就没有什么遗憾和牵挂了。"说到这，他破涕为笑，"你知道吗？你结婚的那天我还偷偷地去现场看了，知道俺儿媳叫苏娟，是个既漂亮、又懂事的孩子……"

这位养父就叫田西平。

时下，叶明辉已托人为养父介绍了一个老伴，要让老人在有生之年里尽享天伦之乐。

"只要你们过得好"，此是一种善良，一种高尚。善去者善来，福往者福返。正如田西平所言："我虽然不相信世间有神鬼一说，但我坚信人的一生，只要你付出了善良与真诚，收获的一定不是邪恶。"

53

李永健拉着欢欢走到刘春林夫妇身边,激动地说:“欢欢,你千万要记住,是他们生了你,他们是你的爸爸妈妈。今后,你一定要爱他们!”“爸爸,妈妈!”欢欢看着刘春林夫妇,动情地喊道。

孩子幸福是最高法则:生父母养父母一笑泯恩仇

□李　默

2011年3月10日,在广东省中山市第一人民法院执行法官的见证下,被拐卖儿童欢欢的养父母李永健夫妇和亲生父母刘春林夫妇一笑泯恩仇,达成一致协议:欢欢18岁前,由李永健夫妇抚养;欢欢成年后何去何从,遵从欢欢的意愿,在此期间,刘春林夫妇可以随时上门探望。

而之前,为了争夺欢欢,李永健夫妇曾一度把刘春林夫妇告上法庭。是什么原因,让这个故事的结局发生了温暖的逆转?

拐卖人犯落入法网,养父母生父母悲喜两重天

2010年1月28日上午,广东韶关市出租车司机李永健正在载客,妻子陈艳打来电话:“老李,你快回来,警察和福利院的人在家里,事情和咱们欢欢有关。”听到妻子低沉而焦虑的声音,李永健心中“咯噔”一声,脑子里

飞快地打着转:警察？福利院？莫非……

李永健时年40岁，和陈艳结婚后，一直没有生育，夫妻俩做梦都想要个孩子。2002年4月，两人经过商议，决定收养一个孩子。在韶关市福利院里，一个名叫欢欢的两岁小男孩让他们眼前一亮：“瞧那小孩，眼睛闪亮闪亮的，耳朵大大的，真是太可爱啦！”更让他们喜出望外的是，欢欢与他们很投缘，当李永健蹲下身张开双臂时，欢欢竟笑盈盈地扑进他怀里。李永健激动地把他抱起来，欢欢“咯咯”地笑个不停。2002年5月，李永健夫妇在韶关市民政局办理了收养手续。此后，夫妻俩将欢欢视同己出，倾注了满腔的爱。两人虽然收入不高，但为了欢欢的成长，他们四处托关系将孩子送进条件最好的幼儿园。欢欢上小学后，他们又给他报了绘画、钢琴等兴趣班……

李永健匆匆赶回家，心中那个不敢多想的预感变成了现实。一位来自广东中山市的民警告诉他:欢欢有可能是被拐走的小孩，希望他和妻子能配合警方调查，给欢欢做DNA鉴定。随即，民警拿出一张被拐男孩的照片。照片上，小男孩一对耳朵大大的，这不正是欢欢最显著的“标志”吗？李永健顿时如坠冰窖。民警和福利院的人走后，他一屁股坐在沙发上，看了看两眼通红的妻子，心如刀割。欢欢是他们生命的全部，如果欢欢离开了，生活还有什么意义？

夫妻俩愁得一宿没睡。与此同时，在中山市南朗镇一间不到50平方米的出租屋里，刘春林和妻子周洁却兴奋得难以入眠。

时年55岁的刘春林是湖南省洞口县农民，1998年，他携妻带女来到中山市南朗镇做贩卖青菜的小本生意。1999年，儿子欢欢呱呱坠地。中年得子，刘春林和妻子喜不自胜。然而，2002年3月9日中午，卖菜回家的刘春林夫妇发现两岁半的欢欢不见了！夫妇俩心急如焚，四处寻找了整整3天，依旧杳无音讯，这对伤心欲绝的夫妻抱着最后一线希望来到南朗镇崖口派出所报了案。警方经过调查，发现一条重要线索：刘春林的老乡胡松神秘失踪了。听到这个消息，刘春林一拍脑门，懊悔万分。几天前的中午，胡松在菜市场向他催讨60元欠债，因当时身上没钱，顾客较多，他便没好气地说：“才60

元，等会儿给你。从来没见过你这样小气的老乡！”胡松脸憋得通红，恶狠狠地瞪了刘春林一眼，愤愤离开。

一定是胡松拐走了欢欢！从那以后，夫妇俩放下生意，赶赴胡松老家湖南宁远蹲守，但一连守了4个多月，仍没见到胡松的踪影，不愿放弃的夫妻俩踏上了四处寻子的征途。几年下来，他们花费了10多万元，几乎走遍了全国各地，欢欢仍旧音信全无。

欢欢到底去哪儿了呢？就在夫妻俩几乎绝望时，2010年1月28日，南朗镇崖口派出所的民警告诉他:欢欢有下落了！原来，欢欢的确是被胡松抱去“抵债”了。但辗转韶关、肇庆等多个城市，也没找到买主。最后，胡松被整天哭闹不止的欢欢折腾得烦不胜烦，索性将孩子丢弃在韶关市第二人民医院门诊部，然后溜之大吉。2010年1月，潜回老家的胡松被当地警方抓获，并移交给中山警方。警方马上带着刘春林夫妇提供的照片前往韶关与警方和福利院联系，终于打听到了欢欢的下落。

得知这个消息，夫妻俩紧紧拥抱在一起，喜极而泣。当天晚上，两人激动得辗转反侧，干脆起床，拿出欢欢小时候的照片看了又看，仿佛那个让他们魂牵梦萦整整8年的儿子就站在他们眼前……

8年疼爱转眼成空，儿子是养父母心中疼痛的牵挂

刘春林夫妇万万没想到，远在数百里之外，欢欢的养父母却是焦虑不堪、愁苦万分。

次日一大早，李永健四处托人打听有没有办法把儿子留下来。一位在法院工作的亲戚告诉他，除非欢欢的亲生父母愿意，否则按照法律规定，小孩必须交还其亲生父母。“躲是躲不了的！”回到家，李永健长叹一声，“我们还是请警方和欢欢的亲生父母沟通沟通吧，看能不能让欢欢继续留在我们身边，以后两家人当做亲戚来往。”

2010年3月初，DNA鉴定结果出来，确定欢欢是刘春林夫妇的儿子。警

方决定，让李永健带欢欢于3月7日前往中山市和刘春林夫妇沟通、协商。3月6日晚上，欢欢做完作业后，李永健把欢欢叫到身边，疼爱地抚摸着他的头说："欢欢，爸爸要告诉你一件事情。其实，你不是爸爸妈妈亲生的，你的亲生父母在中山市，他们很想念你。明天，爸爸妈妈就带你去和他们见面……"话没说完，陈艳抱着欢欢号啕大哭。欢欢也蒙了，伏在妈妈怀里说："我不离开你们！你们就是我的爸爸妈妈，我不去！"李永健哽咽着安慰欢欢："儿子，你以后只是多了两个疼爱你的爸爸妈妈。见完面后，我们就回来。"

3月7日一大早，陈艳给欢欢换了一身新衣服，和丈夫带着欢欢一起出了门。下午，当他们出现在南朗镇崖口派出所时，欢欢的亲生母亲周洁慢慢地从椅子上站起来，眼噙泪水，一步步走向朝思暮想整整8年的儿子。"儿子，我是妈妈。让妈妈抱抱你，好吗？"欢欢怯怯地摇摇头，躲到陈艳身后。民警指着年过五旬的刘春林夫妇，笑着对欢欢说："他们可是你的亲生父母。你想不想回到他们身边？""不想。"欢欢死死抱住陈艳的腰，惊恐地看着陌生的刘春林夫妇，嗫嚅道，"我只想和他们做亲戚。""我的儿呀！"周洁再也抑制不住，失声大哭起来，"这8年，你让爸妈找得好苦呀，我们不会再让你离开半步了！"

一听这话，原本想好好谈谈孩子抚养问题的李永健预感到，留住欢欢的可能性已经微乎其微，便提议道："刘大哥，我们和欢欢合个影吧！"他希望通过孩子，在两个家庭之间架起一座亲情桥梁，以便今后能探望欢欢。刘春林点点头。然而，相机"咔嚓"一声响过后，刘春林突然一把抓住欢欢就往外走。李永健见状，本能地抓住了欢欢的另一只手。两个父亲在两头拉，欢欢吓坏了，失声大哭起来。怕欢欢在拉扯中受伤，李永健赶紧松手，刘春林夫妇急忙拥着欢欢跑出门外。等到李永健和陈艳回过神来追出去时，已不见欢欢的身影，只听见"爸爸救我，妈妈救我"的呼喊声越来越远。李永健夫妇感觉就像一根钢针刺进了他们的身体，留下锥心的痛……

欢欢走了，李永健和陈艳的心空荡荡的，昔日那个充满欢笑的温馨的三口之家变得冷冷清清。一天晚上，陈艳做好晚饭，将3双筷子摆在餐桌上，然后喊道："欢欢，吃饭了。"等到推开欢欢寝室的门，才黯然发现，欢欢并没有像往常一样从里面走出来。饭桌上，谁都没有心思吃了。

陈艳喃喃地对李永健说："欢欢从小体弱多病，不知现在身体怎样，有没有按时服药？还有，他在那边生活和学习都习惯吗？不行，我实在放心不下。你马上给欢欢的亲生父母打个电话，提醒他们注意一下欢欢的生活起居和饮食习惯。"李永健点点头，拨通电话："你们是亲生父母，而我们是辛苦养育孩子8年的养父母，自从我们收养了欢欢后，唯一的希望就是尽心尽力培养好这个孩子，让他成才。为了欢欢的将来着想，我们能坐下来心平气和地商量一下吗？"

孩子幸福至上，两对父母握手成亲人

然而，李永健的要求没能得到刘春林夫妇同意，而且李永健在电话中多次提出探望欢欢的要求也被拒绝了。2010年5月3日，李永健夫妇和欢欢失去联系已经快两个月了。这天深夜，陈艳怎么也睡不着："不知道欢欢怎么样了，他生活得好吗？"李永健同样也为欢欢揪心："要不，我们明天去看看欢欢吧！"说着，两人起床开始收拾欢欢的衣服，然后敲开附近一家药店的门，买了一大口袋欢欢平时服用的药物……

次日一早，夫妇俩坐大巴赶往中山市。当他们叩开南朗镇刘春林的出租屋时，眼前的一幕让他们心酸不已：房子不到50平方米，潮湿且凌乱不堪；一间昏暗逼仄的卧室里，三张床并排连着，欢欢和两个姐姐睡在一起。

欢欢放学后，李永健想和刘春林夫妇商谈孩子的归属问题，可刘春林抱着孩子，满眼含泪不愿说话，周洁则躲在里屋不出来。李永健好几次欲言又止，最后，他只好把欢欢的衣物和一包药放在桌子上，掏出2000元，说："刘大哥，欢欢体质弱，你多买些有营养的东西给他补补身子。另外，你一定要记得按时给他吃药。"

然后对欢欢说："欢欢，你在这里一定要听话，好好学习，我们还会来看你的。要是想我们了，就给我们打电话。"说罢，一狠心，拉着陈艳离开了。然而，他们刚进家门，就接到了欢欢在公用电话亭打来的电话："爸爸妈妈，我想你们，我要回到你们身边。"听到这话，李永健和陈艳心都要碎了。

半个月后，放心不下的夫妇俩再次去看望欢欢时，却发现刘春林租住的出租屋已是人去屋空。此后10多天，李永健想尽各种办法，都无法联系上刘春林。难道欢欢就这样消失了吗？夫妇俩心痛又茫然。万般无奈之下，2010年6月18日，李永健夫妇把刘春林夫妇告上法庭，请求法院判令对方赔偿他们收养欢欢期间的费用共计15万余元。

2010年11月8日，中山市第一人民法院开庭审理了此案。在法庭上，李永健终于见到了刘春林。一见面，李永健就问："刘大哥，欢欢还好吗？"刘春林黯然地点点头。法庭当庭作出一审判决，判令刘春林夫妇补偿李永健夫妇12.5万元。宣判后，双方都没有提出异议。离开法院时，刘春林愣了愣，神情凝重地对李永健说："你也知道我家里的情况，那些钱，能不能宽容一段时间？""刘大哥，对不起。我并不是为了钱，我只是想通过这种方式见到你，了解欢欢的情况。"李永健愧疚地说。对欢欢的爱，让两个男人内心痛苦不已。

原来，为了躲开李永健夫妇，刘春林带着一家大小回湖南老家了。从刘春林无奈的表情中，李永健和陈艳感觉到欢欢在湖南老家过得并不好。果然，2010年12月31日晚上，欢欢突然打来电话，抽泣着说："爸爸妈妈，你们怎么不要我了？我在这里没有一个伙伴，别人说话我也听不懂……"这些话说得夫妇俩泪水涟涟，揪心不已。

2011年2月15日，李永健和陈艳赶往刘春林所在的湖南邵阳洞口县家里。刘春林黯然地对李永健说："老弟，我正在想办法，我一定会还清你的钱。"李永健笑了笑："刘大哥，这次我并不是为钱而来，我们是真舍不得欢欢啊！"刘春林没有接话，但眼神柔和了许多。

整整一天时间里，欢欢脸上洋溢着幸福的笑容，和李永健夫妇须臾不离，养父母走到哪儿，他就跟到哪儿。那份超越血脉的亲情让刘春林和周洁感伤不已。当晚，在李永健的建议下，刘春林请来两个哥哥和两个伯父坐在一起商量欢欢的抚养问题。大家坐定后，李永健说：“我和我妻子这么远跑来，并不是来催债的。我们一是来看看欢欢；二是和大家一起商量一下欢欢今后的生活。我知道，刘大哥和嫂子为了找到欢欢，这么多年吃了很多苦。其实，我们两对父母都舍不得孩子，都希望孩子有一个好的将来。可按现在的条件来说，欢欢跟着我们更有利于他的成长。我保证，在欢欢跟着我们的时间里，只要刘大哥和嫂子愿意，可以随时来探望欢欢，欢欢18岁成年后，他如果想回湖南，我们也一定遵从他的意愿，绝不阻拦！”说罢，他站起来向众人深深地鞠了3个躬。

屋子里的空气仿佛凝固了。“老弟，”沉默中，刘春林的大哥首先说道：“欢欢是你们和他养父母的心头肉，谁都舍不得。可你现在生活困难，他养父母也说得有情有理。要不，欢欢先让他们抚养吧？”这时，周洁出人意料地站了起来，用探询的目光看着刘春林说：：“老刘，只要欢欢过得开心快乐，他在不在我们身边……已经不重要了。重要的是，他长大后不要忘记我们是他的亲生父母就行了！”沉默片刻，刘春林终于点了点头。李永健拉着欢欢走到刘春林夫妇身边，激动地说：“欢欢，你千万要记住，是他们生了你，他们是你的爸爸妈妈。今后，你一定要爱他们！”“爸爸，妈妈！”欢欢看着刘春林夫妇，动情地喊道。刘春林夫妇笑了，这是欢欢回家后第一次喊他们，真是比天籁还要动听啊！

因为共同的爱，两对父母像亲人一样，紧紧拥抱在一起……

54

灾难面前，生命是最宝贵的，在体验了生死关头的电光火石，在渡过了命悬一线的生命劫难时，许多人对生活有了更新更深的感受和理解。

人间大爱彰显在生死瞬间

□ 李亚彪　张铁国　商意盈

天堂里，镌刻下了20个字……

“人小脾气大，小宝贝，你什么时候才能长大懂事啊。”连日来，这句短短20个字的看似再也普通不过的话，却成为网上最热的微博之一，两三天间被网民转发4.7万余次。

这是在甬温线特别重大铁路交通事故中遇难的施李虹生前所发的最后一条微博。

“刚才出去买了个小乌龟，还有一对小金鱼，还有乌龟窝和鱼缸，带回家给小家伙玩，她肯定很喜欢。哈哈！”这是项炜伊的父亲项余岸7月13日16时34分上传的一条微博。两天后，一家三口乘坐动车去杭州，项余岸微博中上传一张伊伊坐在动车上、身着小花裙、手捧奶瓶喝水的照片，并配文字说明：“伊伊第一次出远门坐动车去杭州，纪念一下。”时间7月15日18时27分。

同丈夫已发的百余条微博相比，施李虹的微博只有10条，可基本上都是围绕女儿写的，微博的名字叫“伊伊成长回忆录”，头像就是自己和女儿的幸福合影。

项余岸夫妇的微博，就像一部小小的家庭纪录片，处处充满着温情的文字和图片。

7月23日，一家三口在杭州看完伊伊外公外婆后，乘坐动车返回温州。施李虹通过手机在动车上发出生前最后一条微博：“人小脾气大，小宝贝，你什么时候才能长大懂事啊。”这应该是当时小伊伊又发了什么脾气，施李虹既嗔怪又爱怜。

1小时后，伊伊和父母乘坐的从杭州到温州的D3115次动车被D301次动车追尾，幸福的一家三口从此天人永隔。

施李虹专门用来记录女儿成长的微博中，时间永远停在了最后一条微博发出的那一刻：7月23日，19时17分。

记者在重症监护室门口遇到了伊伊母亲生前的同事。他们知道孩子父母遇难后，都在第一时间赶来看望。据他们介绍，项余岸与施李虹都是温州当地教育系统的。项余岸的身份证上显示是温州鹿城区人；施李虹的身份证上显示是温州瓯海区人。

伊伊目前还不知道父母遇难的事情。25日凌晨，护士抱着做完手术不久的伊伊，她在半睡中误以为护士是妈妈，迷迷糊糊地说：“妈妈，你去哪里了？我还以为你不要我了！”在场的人无不潸然泪下。

到7月27日18时，施李虹最后一条微博已被转发约7.8万次。网友表示，虽然母亲离开了，可这条微博是永恒的母爱纪念。网友“不停的瑶啊瑶”在微博上留言说：“温暖的母亲永远陪在女儿的身旁”。

一场痛彻肺腑的劫难让小伊伊永远失去这个世界上最亲爱的人。一条永远无法再更新的微博，让这个世界上所有有爱的人，都成为了伊伊的爸爸妈妈。

命悬一线，把生的希望留给儿子

7月23日晚，甬温线发生特大铁路交通事故。危急关头，两辆动车上的福州籍乘客展开了一场生死接力，他们自救互助，积极与死神作斗争。近日，记者连线事故车上的亲历者，听他们讲述了一幕幕感人故事。“母爱无疆，为了孩子的安危，母亲总是那样义无反顾。”“母亲，关键时刻彰显的母性之美、大爱之美，令人感动！”这几天，被称为“福州最美妈妈”“福州最勇敢妈妈”的高士莉舍身救儿的故事，感动了许多网友。仅新浪微博，就有上千名网友通过微博转发和留言。

近日，记者联系上正在温州医学院附属第二医院治疗的福州市民高士莉，她的腰部刚动完手术。“现在右腿还是很痛，像虫在里面爬一样，很麻。医生说这是神经压迫，休息一下就没事了！”

现年42岁的高士莉告诉记者，她家住在鼓楼区梦山社区，娘家在山东泰安，丈夫是福州人，这次一家三口探亲后从山东赶回福州。随后，她向记者讲述了动车发生事故时那惊心动魄的一幕。“我和儿子梁飚、老公梁守宝是从山东泰安站上了北京南至福州D301次列车的，坐在2号车厢。事发时，我们夫妻俩坐一排，儿子坐在我们对面。正聊着天，这时只听到一声巨响，车厢的灯一下子全熄灭了，许多乘客不知道发生了什么事，有的开始尖叫起来。”高女士说，他们一家不约而同想站起来，但车子晃动得很厉害。危急时刻，她紧紧抱着儿子。

这时，列车一阵天旋地转，高士莉紧抱儿子不松手，2人在车子里翻滚，直到车厢从桥上掉下，垂直悬挂在地上。“我只有1.6米，儿子有1.8米多，那个时候我也不知道哪来的勇气，只想保护他不要受伤！”高士莉说，一阵翻滚，她的腰部先着地，疼痛难忍。“但那时什么也顾不上了，更担心的是儿子的安危，后来得知我们三个都受了伤。”

车子停止翻滚后，高士莉一家便想方设法逃生。儿子梁飚拿起硬物不停地敲打车窗玻璃喊“救命”。由于替儿子挡了一把，高士莉的腰部、腿部均有受伤，疼痛让她几乎昏过去。儿子见状一直叫“妈妈，别睡了”，听说高士莉口渴，儿子摸索着从地上找到一个茶杯，并用茶杯中的茶叶挤出一些水来滴到高士莉口中。

高士莉一家三口获救后，儿子因头颅受伤被送往温州市第二医院肛肠外科，丈夫则住进了温州手足外科医院，“后来听说儿子和丈夫没事，我就放心了。”高士莉说。

面对网友的好评，高士莉对记者说：“其实这个没什么，每一个母亲在关键时刻都会这样做！”

弥留之际，最割舍不下对妈妈的眷恋

在北京这个晴朗的早晨，梳着马尾辫的朱平和成千上万名旅客一样，前往北京南站。如果一切顺利的话，这个中国传媒大学动画学院的大一女生，将在当天晚上19时42分回到她的故乡——温州。

对于离家将近2000公里上学的朱平来说，“回家”也许就是她7月份的关键词。不久前，父亲因骨折住院，所以这次朱平特意买了动车车票，以前她是坐28个小时的普快回家的。7月23日一早，20岁的朱平穿上浅色的T恤，背上红色书包，兴冲冲地踏上了回家的路。

已经抵达温州境内的朱平给室友发了一条短信：“我终于到家了！好开心！”这或许是她年轻生命中的最后一条短信。

10分钟后，就在温州方向双屿路段下岙路的一座高架桥上，随着一声巨响，朱平所乘坐的D301撞向了D3115。

追尾事故发生后，朱平的高中和大学同学小潘立刻拨打了朱平家的电话，而年过六旬的朱平母亲并不知道女儿搭乘的列车刚刚驶入了一场震惊整个国家的灾难。“她妈妈根本不知道这个消息。”小潘回忆通话时的情景。朱妈妈认为，女儿还没到家可能只是由于常见的列车晚点，她已经准备好了一桌饭菜，等待女儿的归来。

朱平是在7月23日22时44分被送到医院的，23时左右经抢救无效身亡。

7月23日晚上22时左右，朱平家的电话铃声响起。朱妈妈连忙从厨房跑去接电话，来电显示是朱平的手机。“你到了？”母亲兴奋地问。

只听得“嗯”的一声，轻轻的，有些迷糊。“嗯”这也许是朱平今生说的最后一句话。这个以为马上就能见到女儿的母亲认为，那只是手机信号出了问题。似乎不会再有别的可能了——那是在那辆永不能抵达的列车上，重伤的朱平用尽力气留给等待她的母亲的最后一点信息。

55

当孟佩杰让妈妈吹完蜡烛后，执意要她许个愿，刘芳英忍不住将愿望说了出来：“希望自己能站起来，希望还能尽到做一个母亲的责任，给女儿安全和依靠……”病房里，刘芳英眼眶红润：“我只照顾了你3年，你却要照顾我一辈子啊……”

8岁养女，瘫痪妈妈的脊梁

□ 甘小彬

今年20岁的孟佩杰是山西师范大学临汾学院一名特殊的大学生。从她迈进大学校园的那天起，就带着一位瘫痪的妈妈。在同学们享受着五彩斑斓的大学生活时，她却每天要学习和照顾妈妈，还要四处寻找兼职撑起这个“临时”的家。

她的孝心与坚强感动了无数人。可鲜为人知的是，她照顾的妈妈竟是只养了她3年的养母。而她在8岁那年就接过了这个沉重的担子……

遭遇家庭变故而被迫送人

1991年11月，山西省临汾市隰县一个贫困家庭里，一个小生命降生了。父亲吴云，是一名工人，母亲张玉则靠打零工维持生计。吴云给女儿取了个男孩的名字——吴佩杰。没有多少文化的他希望这个名字能给女儿带来福运，长大后像男子汉一样顶天立地。

母亲张玉一直体弱多病，小佩杰出生后，维持这个家就更举步维艰了。张玉在怀她时只能吃一些残羹冷炙，因营养不良，造成奶水不足。小佩杰经常饿得哇哇直哭。在这个节骨眼上，父亲吴云又因工厂效益不好而不幸下岗了。

“咱买不起奶粉，就换种方式养，吃糠咽菜也要把她养大啊！”吴云夫妇便商量着去买来几个鸡蛋试着做给小佩杰吃。看着女儿吃着香喷喷的鸡蛋羹，吴云夫妇偷偷抹泪。就这样，小佩杰在这种饥一顿饱一顿的日子里长到了4岁。女儿一天天长大，以后花钱的地方不会少，吴云便没日没夜打工挣钱。

1996年5月的一个晚上，过马路没来得及避让迎面驶来的货车，吴云被卷到了车轮下当场毙命。更让人无法接受的是，肇事司机害怕承担责任，最后索性逃逸了，根本联系不上对方。最后在亲友的帮助下，才处理完丈夫的后事。

“妈妈，不哭，教我数数……”年幼的小佩杰已经渐渐懂事。看到母亲每天伤心欲绝的样子，小佩杰也抱着母亲哇哇大哭。张玉眼看自己的身体一日不如一日，心里便萌生了一个无奈的想法——将小佩杰送人！

很快，在熟人的介绍下，她找到了一个理想的收养家庭。然而，当张玉满怀希望登门拜访时，对方告知只想要一个刚出生的宝宝，小佩杰都5岁了，很难培养感情。

“刘姐，你就收下她吧，这孩子从小就懂事，她一定会听你话的。”经不住张玉的再三恳求，收养家庭的女主人刘芳英只好答应张玉，先去看看孩子。“妈妈，我哪里也不去，以后我也不上学，你别把我送走。”懵懂的小佩杰说着就哭了起来。

斗争了整整一个晚上后，第二天一早，张玉就连骂带哄把小佩杰带到了刘芳英家里。“孩子我送来了，麻烦你们以后好好照顾她，我走了。”将小佩杰交给刘芳英后，张玉便头也不回地走了。小佩杰望着母亲消瘦的背影渐渐淡出了视线。

生母去世后才融入收养家庭

刘芳英和丈夫孟宝江，为了将孩子的伤害降到最低，除改孟姓外，他们尽量复制吴佩杰以前的生活环境。虽然刘芳英夫妇对她很好，但佩杰似乎处处跟养父母“作对”。刘芳英天天变着花样为孟佩杰做各种好吃的，可孟佩杰一会儿说太咸，一会儿又说不喜欢吃，弄得刘芳英常常一顿饭要做好几遍。只要夫妻俩离开家一会儿，孟佩杰就准能把家里弄得乱七八糟。这让刘芳英焦头烂额，骂也不是，打又舍不得。

1996年11月中旬，孟佩杰的亲生母亲张玉因重病暴发，生命岌岌可危，想见女儿最后一面。通情达理的刘芳英同意带孟佩杰去见亲生母亲张玉。原来，张玉早就查出患有多种致命重病，一直没有钱治疗，加上丈夫去世的打击，她的身体一天比一天差。她知道自己根本撑不了多久，才将孩子送人。

孟佩杰明白母亲“抛弃”自己的真正原因后，心中的委屈和怨恨都化作泪水奔涌了出来。刘芳英还向单位请了假，和孟佩杰一起陪伴这个苦命的女人走完了生命的最后一程。

自从亲生母亲去世后，孟佩杰不再跟养父母作对，她开始主动适应这个新的家庭。养父母下班回到家里，孟佩杰会主动给他们拿拖鞋。原本不愿和刘芳英出门的她，每天晚上都会陪刘芳英出去散步。

1997年2月底，刘芳英直接将孟佩杰送进了小学校园，开始上一年级。孟佩杰尽管没上幼儿园，但一年级的课程并没难倒她，还经常得到老师的夸奖。渐渐地这个特殊的家庭越来越温馨。

养母瘫痪，养父逃匿，独自撑起一个家

1999年6月的一个早晨，刘芳英像往常一样准备起床给孟佩杰做早饭，然而，她却怎么也起不来，腿上一点力也用不上，只有胳膊勉强能动。刘芳英赶紧推醒丈夫，父女俩立刻把刘芳英送到了附近的医院。医生诊断刘芳英

患上了罕见的椎管萎缩。医生说：刘芳英的病只能通过手术治疗，而且成功率只有50％，如果不冒这个险，她将永远瘫痪。

7月中旬，养父孟宝江东拼西凑，总算凑齐了手术费，将妻子推进了手术室。然而，刘芳英不但手术失败了，医生还多次下达了病危通知书。最后命是保住了，但不得不接受瘫痪这一残酷现实。

懂事的孟佩杰陪在养母身边，一刻也不离开。刘芳英的瘫痪，让这个原本幸福的小家一时间陷入了混乱。刘芳英只能一动不动地躺在床上，吃喝拉撒睡都要在床上，而孟宝江整天抽闷烟。

“芳英，我还是出去打工吧，或许能挣更多的钱，帮你找最好的大夫治病。”突然有一天，孟宝江提出外出打工却再也没回来。

丈夫选择了逃离，自己又瘫痪在床，刘芳英觉得人生黯然失色，再也没有活下去的勇气。她借故托邻居买了几盒止痛片，想一了百了时，被孟佩杰发现了。“妈妈，你这是干什么啊！你走了，我就真成了没人疼没人管的孩子了……”坚强的孟佩杰第一次在刘芳英面前放声痛哭起来。

从此，刚满8岁的孟佩杰承担起了照顾养母的所有琐事。每天做饭，帮刘芳英擦洗身子，她还帮助刘芳英做各种力所能及的肢体活动。

然而，刘芳英每天躺在床上很难受，心里有火却没处发泄。她只好把矛头转向了孟佩杰，经常无缘无故对她破口大骂。可孟佩杰总会自咽酸楚，从来不和妈妈顶嘴，有时甚至还会笑着给刘芳英讲故事和笑话。坚强的孟佩杰就这样撑起了养母的一片天，撑起了这个风雨飘摇的小家。

背着养母上大学

2006年，孟佩杰以优异的成绩考上了当地的重点高中。刘芳英看着孟佩杰的录取通知书，心里既高兴又遗憾。孩子的成绩这么好，自己现在等于是在拖累她。刘芳英觉得自己的身体状况和微薄的病退工资，根本无法供孟佩杰一直读下去，便暗地里托人帮助孟佩杰重新找一个收养家庭。

一次周末，邻居来跟刘芳英谈收养孟佩杰的事情，恰巧被放学回家的孟佩杰听到了。孟佩杰忍不住冲进刘芳英的房间，一下子扑到刘芳英的床边："妈妈，您别赶我走，我要一辈子跟您在一起。我就算不上大学也要照顾您一辈子！"

上了高中后，孟佩杰的学习比以前更忙了，而且学校离家也越来越远。孟佩杰考虑到每晚回家很晚，中途没有充足时间回家帮大小便失禁的妈妈换尿布，她就在被褥上铺一层塑料布，塑料布上又铺上床单。这样每晚回来只需要洗尿布、衣裤和床单就行了。

为了照顾妈妈，孟佩杰还特意向学校申请不上晚自习，这样她就可以在晚上多陪陪妈妈了。尽管如此，孟佩杰的成绩却没落下，高中三年，成绩一直名列前茅。

2009年，孟佩杰以优异的成绩考上了山西师范大学临汾学院。孟佩杰知道，是靠着妈妈每个月几百元的病退金，母女俩平时不舍得吃不舍得穿，再加上学校的助学金才勉强读完高中的。孟佩杰觉得不能怠慢了对妈妈的照顾，于是她决定放弃上大学。

7月中旬，刘芳英有些按捺不住，三天两头追问孟佩杰考上没。看着刘芳英期盼的眼神，原本计划撒谎的孟佩杰只好如实相告。刘芳英很激动，但也知道：要让孟佩杰放弃照顾自己，远走他乡去上学是不可能的。

为了凑齐学费，孟佩杰不得不四处找街坊邻居借，可最终还是有部分学费没着落。无奈之下，孟佩杰便决定打工挣学费。好在拼命工作了一个多月后，学费的窟窿总算补上了。最终，母女俩决定一起奔赴百公里外的临汾学院。

2009年8月中旬，孟佩杰考虑到要照顾妈妈，学校的宿舍肯定是不能住，经过几天的奔波，她总算在离学校不远处租了一间实惠的简陋民宅。

9月初，随着新生报到，孟佩杰带养母上大学的消息不胫而走，同学们都为她从8岁起就扛起了如此重担而敬佩不已。

虽然跨进了大学校门，可孟佩杰丝毫不敢放松，因为生活费全指望自己勤工俭学。2010年暑假，孟佩杰靠着发传单、当家教等兼职，每个月不但能照顾好妈妈，偶尔还有多余的钱给妈妈买新衣服。

孟佩杰坚强感人的事迹很快在学校里传开了。2010年，孟佩杰被推荐为临汾市年龄最小的“十佳道德模范”。临汾市第三人民医院领导得知孟佩杰的感人事迹后，将刘芳英接入医院免费治疗。

2011年6月24日，刘芳英迎来了瘫痪在床后的第12个生日。12年来，每个生日都由孟佩杰陪她过，从来没有缺席过，只是今年的生日是在医院的病房里举行。当孟佩杰让妈妈吹完蜡烛后，执意要她许个愿，刘芳英忍不住将愿望说了出来：“希望自己能站起来，希望还能尽到做一个母亲的责任，给女儿安全和依靠……”病房里，刘芳英眼眶红润：“我只照顾了你3年，你却要照顾我一辈子啊……”

56

杨德彪第一次觉得，命运其实很公平，虽然让他承受着这样的苦难，可母亲的存在和付出，就是上天给他的最大安慰，妈妈的歌声就是他活下去的希望。

“春天妈妈”唱绿生命的春天

□阿　颖

一个星期前，年过50岁的她还在安徽省广德县某处农田里堆草垛；一个星期后，她却成为繁华都市的一名“街头歌手”，手抱一把旧吉他，在杭州的酒店、商场、公交车上腼腆地唱着《春天里》。辗转千里，她只有一个愿望——救活儿子！

2010年12月11日。杭州电视台和著名公益组织“草根之家”共同为她举办了一场大型义演晚会，杭州电视台进行了两个小时的现场直播。这也是国内电视台首次为个人进行现场直播的筹款晚会。12月的杭州城，因为有爱而变得温暖……

农家小伙儿患重病，妈妈为救儿子学唱《春天里》

农历9月的田野荒芜而苍凉，稻谷收割过后，到处是光秃秃的稻茬子，一群群麻雀四处啄食着散落在田里的谷子。

安徽省广德县农妇董观荣正在自家稻田里堆草垛，邻居春子婶匆匆忙忙跑来叫她：“他婶子，赶快回家，刚才彪子打电话回来，你家没人接，他又打到我家，孩子在杭州病了。”董观荣闻言，吓得腿都软了，连半米高的田埂都爬不上去了。

彪子是董观荣的大儿子，全名叫杨德彪，在杭州一处工地打工。几个月前，杨德彪感觉浑身没劲，脸色发黄。2009年9月7日，他来到杭州市第六人民医院检查，被确诊为再生障碍性贫血，骨髓移植是他活下去的唯一希望。

董观荣和丈夫杨道宏迅速赶往杭州。如果不是儿子病了，董观荣怕是一辈子也不会离开村庄。大城市里拥堵的车流和林立的高楼让她感到一阵眩晕，问了很多人，才找到儿子所住的医院。

经过一段时间的治疗，杨德彪的病情暂时稳定下来。没想到，2010年5月，他的病情又急剧加重，家人连夜将他转往浙江省中医院。医生说：“必须尽快动手术，医疗费用需要40万元。”

董观荣急坏了，儿子生病后，家里已经借了十几万，能借的亲戚几乎都借遍了。可儿子的命不能不救，董观荣对丈夫和小儿子说：“孩子他爸。你回家再找亲戚朋友想想办法。二子（杨德彪弟弟），你也回厂里上班，挣钱给你哥看病，医院这儿有我在就行了。”送走丈夫和二儿子后，董观荣打算在医院附近找份临时工作，好攒钱给儿子动手术。

一天中午，儿子睡下后，董观荣坐公交车出去找工作。坐了一站，上来一位流浪歌手，满面风尘，蓄着络腮胡，抱着一把吉他边弹边唱。一曲终了，车上不少人叫好。还有人往他手里塞钱，董观荣突然有些心动。

董观荣唯一的爱好就是唱歌，不管是闲暇还是农忙她都爱唱，有时是几句乡村小调，有时是几句京剧，也许都不能称之为歌，却让她对自己乡野生活感到幸福和满足。董观荣有了一个想法，如果她也来当一名“街头歌手”，会怎么样呢？也许挣不了多少钱，可挣一分，儿子活下去的希望就多一分，她没有什么别的本事啊！

杨德彪却坚决不同意母亲当什么“歌手”，他想母亲一辈子没离开过家，在杭州这个繁华的大都市，出去了可能都找不到回来的路。再说母亲已经50岁了，他不忍心看着老人出去受苦。董观荣跟儿子协商：“妈先试唱几天，要是没人听，妈就不唱了。”在母亲的再三劝说下，杨德彪最终同意了，并答应教母亲唱农民工组合“旭日阳刚”翻唱并走红的歌曲——《春天里》。

杨德彪让朋友把《春天里》的歌词发到手机上，开始一句一句教母亲。以前，董观荣只会对着庄稼唱，对着泥土唱，现在对着一病房的人，她有些“怯场”。病友小李把门关上，鼓励董观荣：“阿姨，要是当着咱们几个人的面你都不敢唱，出去了怎么办？”董观荣想想也对，她清清嗓子，咬咬牙，跟着儿子唱了起来：“还记得许多年前的春天／那时的我还没剪去长发／没有信用卡没有她／没有24小时热水的家……”

董观荣声音不算好听，但却唱得很用心。以前听到妈妈的歌声，杨德彪都感到很快乐，可这回，他只感到鼻子酸酸的，有种想流泪的冲动。怕母亲发现自己的难受，他忍了又忍，没让眼泪掉下来。

一个星期后，董观荣学会了《春天里》这首歌。病友还送给她一把旧吉他，这样唱歌时才不会显得那么单调。吉他的弦很坚硬，为了学会基本的弹奏，董观荣的手指都割破了，一遇水就钻心地疼。实在疼得受不了，她就把手指含在嘴里。这样才会好过一点。好几个夜里，杨德彪都看见母亲含着手指睡着了，他在心里暗暗发誓，如果自己病能好，一定不再让母亲吃苦受累。

歌声悠悠，“杭州苏珊大妈”唱响儿子生命的旋律

2010年10月12日，是董观荣第一天出去当“街头歌手”的日子。杨德彪理理母亲的衣服，把一张写着自己手机号码的纸条放进母亲的口袋，叮嘱她要是迷了路，就给自己打电话。知道儿子心里难受，董观荣隐藏了自己的不安和紧张，装作没事人一样，“妈中午就不回来了，你让隔壁床的赵阿姨给你带份饭。”杨德彪点点头，一直把母亲送到住院部楼下。

董观荣听说杭州百货大楼门口人流量大，她把第一天唱歌的地点选在了

这里。谁知，东西刚放好，保安就赶了过来，告诉她这里不许乞讨。董观荣急忙解释：“我不是乞丐，我儿子病了，我要唱歌挣钱给他动手术。”见董观荣穿着一件土布衣裳和一双黄球鞋，一副农村大妈的打扮，保安不相信她会唱歌。董观荣怕被赶走，忙拿起吉他唱起了《春天里》。

夹杂着一些乡土音的歌声在百货大楼门口悠悠响起。行人见了都很惊奇，一个老土的大妈竟然还会唱歌，他们看董观荣的眼神，就像在看一个空降在杭州的怪物。众人的眼神让董观荣有些手足无措，声音变得颤抖，吉他也不知怎么弹了。大家听了，很快散了场。

第一天当歌手，董观荣只挣到了17元钱，其中有10元钱还是一位好心的大爷给的。为了把钱省下来，她连午饭都没吃，实在饿极了，就喝几口水。

晚上7点钟，董观荣回到了医院。怕儿子难过，她没说实话。杨德彪还以为母亲收获不小。直到后来，母亲当“街头歌手”的事经媒体报道出来，他才知道，那一天，母亲受了多少冷眼。

第二天，董观荣又早早地出发，这回她来到了当地一所大学门口唱歌。学生下课后，只见一位大妈站在校门口的榕树下，拿着一把旧吉他。用沙哑的嗓音唱着《春天里》。树叶落在她的衣服上，风轻拂着她的白头发。同学们都被眼前这幅奇特的场景吸引住了，这么酷的大妈他们还是头一回见，有人赶紧拿出手机来拍照。

一个艺术系女孩儿好奇地问董观荣：“大妈，你是故意这么打扮，还是本来就这样？”董观荣看了看自己的衣服，蓝色上衣、黑布鞋，活了半辈子，衣服一直这么穿，她没觉得有什么不对劲儿，可被大学生们这么一问，她倒有些不好意思，赶紧理了理自己的衣角。

听说董观荣当“歌手”是为了给儿子治病，很多好心的同学都捐了钱。那个艺术系女孩儿跑回宿舍，也拿来200元钱给了董观荣：“大妈，你歌唱得很好，一点儿也不比‘苏珊大妈’差。”“苏珊大妈是谁？她孩子也病了吗？”女孩儿笑了：“苏珊大妈唱歌挣了很多钱，大妈你也一定会挣很多钱，到时你儿子就有钱动手术了。”董观荣黝黑苍老的脸上露出了欣慰的笑容，虽然她不知道“苏珊大妈”是谁，但只要能和她一样挣很多钱，儿子就有活下去的希望。

临走时，董观荣找不到回医院的路。女孩儿拨通了杨德彪的电话，问清医院的确切地址后，把董观荣送上了公交车。直到现在，那个好心的女孩儿还经常打电话来询问董妈妈的情况。

每天晚上回来，董观荣都会把白天挣来的钱一张一张理齐，然后平整地放进自己的贴身口袋里。有时一天能挣几百元，有时只能挣几十元，可每多增加一分钱，董观荣都会觉得离儿子动手术的日期又近了一天。

11月8日，董观荣来到杭州一家高档酒店门口唱歌。酒店那高大的玻璃窗和旋转门让她有些局促不安，她往旁边的角落移了移。这时，几个蓝眼睛、高鼻梁的外国人从酒店走出来，听见歌声，站在了董观荣面前，嘴里还叽里呱啦地说些什么，表情很兴奋。

第一次面对外国人，董观荣有些发怵，抱起吉他就想换个地方。见她要走，那几个外国人拿着相机拦在了她面前。董观荣吓坏了：“你们要干啥，我又没拿你们东西。”对方又叽里呱啦地说了一通，董观荣一句也不懂。幸好一个懂外语的年轻人经过，帮董观荣解了围：“大妈，他们是想跟你拍照留个纪念。”董观荣这才恍然大悟。

照片拍好后，其中一个外国人竖着大拇指称赞董观荣“Very good！”董观荣虽不懂什么意思，但看见对方脸上的笑容和翘起的大拇指，隐约能猜出对方可能说她唱歌好听，她直点头表示感谢。离开之前，那几个外国友人给了董观荣一张100美元的小费。

董观荣不知道这是不是钱，能不能用，但还是细心地揣进了口袋里。回到医院后，她拿出来给儿子看，其他病友也都围了过来。有人说：“董阿姨，这是美元，100美元能换600多元人民币呢！”董观荣听了直咂舌：“我还以为用不掉呢！”那天晚上，董观荣一直很兴奋，把那张美元仔细看了好几遍，盘算着什么时候能挣够儿子的手术费。

2010年11月17日，杭州温度骤降。在外面唱歌时，凛冽的寒风直往董观荣身上钻，那件薄薄的外套根本不管什么用，她被冻得直发抖。回到医院董观荣就开始发高烧，杨德彪一直守在母亲身边。病友们都劝他去休息，大家愿意轮流帮他照顾母亲，杨德彪没同意："我妈为了我，这么冷的天还要在外面唱歌，她病了，我得像她守着我那样守着她。"

病还没好，董观荣又继续出去唱歌。杭州繁华的街道、饭店、酒楼，几乎都留下了她的歌声。时间长了，越来越多的人开始知道杭州有一位挣钱给儿子治病的"春天妈妈"，也有人笑称董观荣是"杭州苏珊大妈"。

11月23日，董观荣正在帮儿子擦身体，一位80多岁的老人推门进来，问谁是杨德彪。得知是来找儿子的，董观荣忙迎了上去。老人姓刘，是一位退休老教师，前几天她听媳妇说起了"杭州苏珊大妈"的故事，老人很心疼，特意赶到医院来看望董观荣母子。老人心脏不好，不敢坐电梯，硬是爬了12层楼，送给了董观荣3000元钱。

这事过去没两天，杨德彪接到一个陌生的来电。对方是一位阿姨，从医院要来了杨德彪的电话，除此之外，对自己的情况她不愿过多透露。那位阿姨说："我有一个女儿，如果还活着，今年该22岁了。她跟你一样，也得了'再障'，可阿姨没你妈妈那么勇敢、那么坚强，我女儿还是走了。好心人捐的钱还没用完，阿姨把它给你。你有一位伟大的母亲，她值得所有人尊敬。"几天后，那位阿姨给杨德彪汇来5000元钱。

这些好心人给了董观荣莫大的信心，她相信：不管自己的歌声再微弱、再沙哑，只要一直唱、一直唱，就一定能攒够儿子的手术费。

30多位农民工兄弟来帮你，"春天妈妈"迎来儿子生命的春天

2010年11月28日中午，董观荣在外唱歌实在饿极了，经过一家路边大排档时，她奢侈地给自己买了一碗馄饨。当时有几个农民工坐在她旁边，听了董观荣说话的口音，一个"大个子"问："大姐，你是不是安徽人？"董观荣忙点头说：是。"大个子"听了很高兴，"我也是安徽人，巢湖市

的。”“我是宣城广德的，巢湖离我们家不远。”在外地遇上家乡人，听见熟悉的口音，董观荣心里感到很温暖。

“大个子”是附近工地上的工人，每天中午都会来这儿吃饭，见董观荣背着吉他，他很好奇。董观荣说起了儿子的病，说起了自己当“街头歌手”的事，对方听了直说董观荣不容易。

董观荣原本以为她和“大个子”不会有交往。没想到两天后，“大个子”竟找到了医院。原来那天回到工地后，“大个子”就跟工友们说起了董观荣为救儿子当“街头歌手”的事，大家听了很感动，他们的母亲大都跟董观荣差不多年纪。出门在外，大家身上钱都不多，可他们还是凑了1000元钱。即使这样，大家仍觉得钱少了。

有几个爱唱歌的小伙子提议：“董大妈一个人唱歌太累了，嗓子也受不了。咱晚上没事，要不都去帮帮她？”众人七嘴八舌地开始讨论起来，最后30多位农民工决定排演几个节目，和董大妈一起办一场小型义演。这样会比董大妈一人唱歌挣的钱多。听完“大个子”的话，董观荣觉得任何语言都不足以表达她的感激之情。

30多位农民工很快开始兑现自己的承诺。工地下班后，他们就在宿舍里排练节目。节目有一个合唱、一个相声、一段街舞表演和几首独唱。乐器就是锅碗瓢盆，服装就是平时穿的旧衣服，甚至用的泥瓦刀也成了道具。这些没有任何表演底子的农民工们，排练起来特别认真，那股劲头一点儿也不比专业演员差。节目排好后，大家却犯了难——他们找不到一个可以义演的场地。

就在大家无计可施的时候，有人说可以找杭州著名公益组织“草根之家”想想办法。他们曾听说“草根之家”当初也是由几个打工者创办的，志愿者也大都是普通的农民工，他们也许愿意帮忙。

听完“春天妈妈”的故事，“草根之家”负责人刘明立即答应帮着寻找义演场地，为了扩大影响，让更多的人加入到帮助“春天妈妈”的队伍中来，刘明历经周折，联系上了杭州电视台的工作人员。杭州电视台的负责人当即表示，愿意对晚会进行全程现场直播。

2010年12月11日下午1点半，杭州西城广场。杭州电视台和“草根之家”共同举办的大型义演晚会“冬天里的春天”正式拉开序幕。杭州电视台影视频道的工作人员也全都各就各位，准备对晚会进行现场直播，

义演开始后，主持人动情地说：“在咱们身边，有这样一位母亲，为了筹措儿子的治疗费，她背起一把吉他，成了杭城的一名‘街头歌手’。有人说她的样子很滑稽，像是一个流浪歌者；也有人说她是‘杭州苏珊大妈’，用歌声温暖了寒冷的冬天。她，就是‘春天妈妈’董观荣。”在众人的掌声中，董观荣被请上了台。

面对底下几千名好心的观众，董观荣未语泪先流，她说：“如果不是儿子的病，我现在可能还在家里锄地种田。我跟孩子他爸没本事，挣不了钱，多亏那30多位好心的农民工兄弟和无数的好心人，我没啥好谢的，就给大家唱首歌吧！”

依旧是儿子教的那首《春天里》，因为激动紧张，董观荣几次忘词。底下的观众见了，都自发跟着“春天妈妈”一起唱了起来。声音一开始很小很轻，但后来就变成了千人大合唱。歌声中，董观荣再次泪流满面。

义演现场，那30多位农民工一共表演了5个节目。和专业演员比起来，他们的表演不算精致，但大家却看得很入神，几千人的现场竟出奇地安静。电视直播中，坐在台上的董观荣忍不住拭泪，旁边的人不知跟她说了些什么，她的脸上第一次露出了笑容。

坐在医院的大厅，看着电视上母亲那含泪的微笑，杨德彪第一次觉得，命运其实很公平，虽然让他承受着这样的苦难，可母亲的存在和付出，就是上天给他的最大安慰，妈妈的歌声就是他活下去的希望。

义演结束后，大家都自发排队为杨德彪捐款。每收到一份钱，董观荣都鞠一次躬，除此之外，她不知道用什么方式来诠释那声“谢谢”。

12月18日，浙江在线又专程请来因翻唱《春天里》而一炮走红的农民工组合“旭日阳刚”来杭州剧院举行义演。演出结束后，“旭日阳刚”特意看望了“春天妈妈”，他们说这是他们最有意义的一次演出。

两场义演加上董观荣唱歌挣来的钱，共筹得35万元。“春天妈妈”的故事开始在这个冬天慢慢流传开来，董观荣也成为了由新华社发起的“中国网事·感动2010”年度网络人物候选人之一。

12月14日，杨德彪和弟弟进行了骨髓配型，可惜配型没有成功。目前，杨德彪正在等待中华骨髓库的消息。董观荣说：为了儿子能早日好起来，我将继续当一名“街头歌手”。

如果有一天，在人来人往的杭州街头，你看见一位穿着朴素的农村大妈，抱着一把破旧的吉他，用心地唱着歌，请你细细地听——那是一位母亲对儿子生命的吟唱。

57

祖祖辈辈传下来的承诺，我一定会讲给万家的子孙听，让他们不管做什么，都要信义为先。

一个渡口的信义传奇

□张 航

一个渡口，一句承诺。为报答在困境中收留并关爱过自己的村民，万家的4代人百余年来在深山摆渡，风雨无阻，分文不取，百年义渡，默默书写着感人至深的信义传奇。

为乡亲摆渡16年里，69岁的船工老万从未收过一分钱

车出湖北省建始县城，蜿蜒向东南22公里，记者来到与恩施市交界的三里乡大沙河村的大沙河渡口。

“老万，过河！”“喔——”听到对岸喊渡声，一位脚蹬布鞋、头戴灯草绒帽子的老人，从岸边一座小石屋中快步而出，解开了船绳。竹篙轻点，小船一个漂亮转弯，轻盈地掠向对岸。

这个摆渡的老人就是万其珍。今年69岁的万其珍，被村民们亲切地称为“老万”。从1995年年初接手大沙河渡口以来，万其珍每日坚守在此，方便

着无数过往的村民和旅客。

每天清晨，天还没亮，老万就起来了，简单拾掇一下自己，再为孙子烧好早饭，便匆匆赶往渡口。等到天蒙蒙亮，早起的村民到达渡口边时，老万早已准备就绪，等候在岸边。到上午9时许，来往两岸做农活和走亲戚的村民，往往已渡了10余趟。这时候，老万会从渡口边的小石屋里搬出一把竹椅，静静地坐在渡口边，稍事休息。

大沙河渡口宽约200米，最深处水位超过50米，摆渡一趟要10余分钟。平素摆渡，一天下来至少来回60多趟。别说69岁的老万，就是对一个身强力壮的小伙子来说，包揽这渡口艄公的活儿也绝非易事。

大沙河村有278户，1000余人。渡口对岸有村里80多亩耕地，占了全村耕地的10%。平时，很多村民要到对岸干农活，再加上过往的外地人，经小船过渡口的人一直很多。

4年前，万其珍的老伴过世。女儿早已出嫁，儿子儿媳也在外打工，老万只好一个人住在大儿子家，边照顾念书的小孙子，边守着渡口。

儿子家离渡口有2公里山路。农忙季节，因为担心回家吃饭会影响村民过渡，老万总在渡口候着，每天只顾得上吃两顿饭。中午饿了，他就在渡口的小屋里烧土豆或红薯当饭吃。这样一直忙活到傍晚六七点钟收工，回家吃过晚饭，老万再匆匆赶回渡口守夜。

“晚上常有晚归的村民要过河，我走不开。”老万憨憨地笑道。

16年来，老万自己都不知道，他船来船往地渡过多少人。但有一件事，他却从不含糊——无论谁坐船，坚决不收一分钱。

2006年，恩施州开始为全州100多位船工统一发放每月540元的补助。这笔钱，并不足以贴补船工家里的日用。于是，恩施州百余个渡口的船工，一般都会收取几元钱的摆渡费用。可老万掌舵的大沙河渡口，从来是个例外。

万家百年义务摆渡，源自祖上的承诺

“坚持义渡，是万家祖上传下来的一个承诺，决不能食言！”老万斩钉截铁地说。

1995年，在老万从叔父万术荣手中接过船桨之前，他的家族已经在此接力义渡了近120年。

1877年，清朝光绪年间，为逃兵役和水灾，万作柱等几户万姓人家，从江汉平原逃难至建始县，定居于地处鄂西深山的大沙河畔。初至大沙河畔的万姓祖辈，被当地世居的乡邻们宽容接纳，并领受其接济之恩，得以开荒拓土，安家落户。为报答乡亲们的这份情谊，眼见两岸乡邻为大沙河所隔，万作柱与家人商议，决定卖掉家里的几头肥猪，建造一只能载10人的木船。万作柱向乡亲们承诺：今后，万家将义务摆渡，分文不取。从那以后，万家人站立船头撑篙行船的影子，深深印刻在大沙河的一湾碧水中。

许下承诺并不难，难的是坚守。然而，万家人做到了。

1925年夏天，年迈的万作柱病逝前将儿孙叫到床前告诫：“义渡是我们家答应乡亲的，你们要继续下去。”那以后，长子万术材接过磨得发亮的篙杆，继续默默地为乡亲们义渡。后来，万术材因病，又将篙杆交给了弟弟万术荣。

那时的大沙河南岸有16户村民，翻过山，还有四方井村和金龙观村两个村子，村民们一天过河往返不下50趟，摆渡者不能长时间离开渡口。于是，很长一段时间里，掌舵渡口的万术荣干脆睡在岸边的岩洞里，搞个铁钵钵，烧火煮饭吃。

“山洞里潮，谁愿意住？那几年他的日子过得苦啊。”说起当年的万术荣，村民崔祝清感动地说，“每天早上8点之前，他肯定已经吃完早饭等在河边。无论白天晚上，他随叫随到。有时候他一口饭刚扒在嘴里，有人过河，他放下碗就往渡口跑，从没不耐烦。”

后来，因感念万家的好，大沙河村的乡亲们聚在一起合计，决定在渡口

旁分出一块近6亩的田，交给万术荣就近耕种，也算是对万家的补偿。

与渡船相伴15年后，1995年，73岁的万术荣倒下了。临终前，万术荣将53岁的侄子万其珍喊来，将义渡的任务郑重托付给他。

“义渡是我们家答应乡亲的，你要接下去！”多年以后，万其珍仍一字不差地记着叔叔嘱托的这句话。

承诺了，就要负责到底。在万家几代人眼里，这是再平常不过的事。

原本在外打工的儿子，如今已接过年迈父亲的班

16年来，只要没有病倒，万其珍的身影从未在大沙河渡口“缺勤”过，他也再没有去过自己年轻时最喜欢去的、离渡口仅仅22公里的建始县城。16年里，他日夜守在渡口，只要有人喊渡，他总会及时出现在河岸边，紧握船篙，一桨一桨地划，一船一船地渡。

这么多年来，两岸的村民已离不开万家手中的船篙，而69岁的万其珍，也无法割舍这份平静的摆渡生活。2008年，他不慎摔伤了手和腿，两三个月里都不能下床活动。

记挂着渡口，躺在床上的万其珍心里那个急啊。打电话，两个在外打工的儿子，都因签了合同没法分身。大儿子万芳权虽然很快请了假，回家照顾父亲，但过不了多久还得赶回去继续做工，不能接替摆渡。老万叮嘱大儿子去找个外地会划船的渡工来帮忙，就算每个月贴钱，也不能让渡船停下来。

“后来我找了个渡工，每个月给人家800元钱，做了2个月。那个时候，真的划不来啊。”当时，万芳权对父亲的决定，感到很无奈，“没办法，摆渡这是个苦差事，工资给低了，根本找不到人干。”

万芳权临走前，鼓起勇气对父亲说：“爸，今后做这个事还吃不吃得消，不行的话，咱们就算了吧。”听到这话，躺在床上的万其珍慢慢地摇了摇头，眼神里却满是坚决。万芳权的泪水在眼眶里转了几圈，又硬生生忍了回去。打那以后，万芳权再没跟父亲提过这个事。

从2008年那次摔伤后，万其珍的左腿会时不时地疼，精力也比以前差了很多。他找来大儿子万芳权，认认真真谈过几回“接班”的事。然而，对闯荡过外边世界的万芳权来说，要从此在这个小山村做个默默无闻的船工，不是件容易接受的事。再说，义渡的那份微薄补贴，对于39岁的万芳权来说，真的没什么吸引力。这些年，村里大批年轻人坐着父亲的渡船，过了河，走向县城，走向更远的地方。万芳权确信，与父辈时代不同，他身边的世界正变化得越来越快，越来越精彩。越是有这份确信，万芳权的内心就越不甘，越挣扎。

直到2009年的春节，一件小事改变了万芳权的想法。

那天，正是大年三十，渡口来来往往的人特别多。中午，万芳权去渡口给父亲送饭，看到正在河面上摆渡的父亲，摇起桨来似乎有些力不从心。小船靠岸后，父亲招手示意万芳权靠近，悄悄对他说：“我右边膝盖有点酸痛，你来帮我渡几趟。”万芳权心头一酸，二话没说，就从父亲手中接过了船篙。船篙上还留有父亲手心的余温和汗渍，万芳权别过头，眼泪“哗”地淌了出来。

那天午后，没人过渡的时候，万芳权和父亲在渡口边坐了很久，什么话都没说。离开渡口回家时，老万轻轻对儿子说了一句：“只要还有人要过河，我就希望能把这义渡坚持下去。”

那个春节过后，万芳权没有再出外打工。

如今，万芳权已接过父亲的班——船主执照、渡工证件等登记手续，都从万其珍变更成了万芳权。

当被问到接班的问题时，万芳权爽快地说：“父亲常对我说，干就干好一点，对乡亲们好一点。他撑不动了，还有我；我撑不动了，还有我儿子。等我撑不动的那天，或许村里就有了大桥，不需要摆渡了。但祖祖辈辈传下来的承诺，我一定会讲给万家的子孙听，让他们不管做什么，都要信义为先。”

58

他说，如果我们能治愈一个病人，那么就一定不要轻易丢下他们，不论发生什么。这是我们家族里每一个医生的职业道德底线。

86年，我们不曾跟丢你

□ 徐立新

这是一则常人难以想象的真实故事，发生在一个病人和救治他的两代医生之间。

鸠山野宏是出生在日本冲绳的一位老人，现定居在美国夏威夷。2011年8月11日是鸠山老人101岁生日，身体依旧硬朗的他成为夏威夷为数不多的“长寿岛民”。

其实，这位长寿老人儿时一直体弱多病，15岁时，还雪上加霜地得了一种奇怪的病——全身不断地痉挛，无法独立行走。为了帮他治病，鸠山的父母带着他东奔西走，四处求医，几乎跑遍了日本的各个医院，但遗憾的是医生们都束手无策。

就在鸠山病情不断恶化，快要不行时，东京的一家私立医院成功地找到了他的病根，该院32岁的院长藤野化久便是鸠山的主治医师。依靠独特的祖传治疗方式，藤野化久稳住了鸠山的病情，但是要想彻底治愈这种痉挛，则需要花上相当长的时间，还需常年不懈地观察、检查，然后有针对性地下药。如果一旦终止治疗，患者最终会因全身瘫痪而死亡。这就需要鸠山每隔一段时间就到东京找藤野化久。

当时，日本还没有实现全民医保，鸠山经常从冲绳赶到东京，仅路费就耗费不少，而鸠山的家本来就不富裕，不久，就因为替他治病而家徒四壁。加上鸠山外出行动不便，最终，父母只能无奈地不再送鸠山去东京看病了。

然而，鸠山家很快就收到了藤野化久写来的信，问他为什么不来检查，鸠山的母亲只好含泪把信悄悄藏了起来，没有写回信。

让鸠山一家人万万没想到的是，半月后，藤野化久居然带着他的两个助手，出现在他们家的门口。看到鸠山家破败的景象，藤野化久什么都明白了，他默默地替鸠山做起了检查。

检查结束，藤野化久留下了许多药，然后平静地说："以后每两个月，我们都会来冲绳一次，你们不需要出路费，医疗费也无需担心，我们先帮忙垫着，以后再说。"

鸠山一家人简直不敢相信藤野所说的话。

然而，这一切都是真的——在接下来的20多年里，藤野化久忠实地履行着自己的承诺，每两个月，或他，或他的助手就会来冲绳，帮鸠山进行例行的检查和发药。而鸠山的家人唯一能回报藤野化久的，就是每次给他带些冲绳的农副土特产。

鸠山的身体在不断的治疗中渐渐好了起来，不久后，他的父母相继去世。1960年，孤身一人的鸠山，被堂妹接到美国的夏威夷去生活了。

可到夏威夷没多久，鸠山的身体便出现了不舒服，于是，他试着打电话给藤野化久。此时的藤野已经是60多岁的老人了，接到电话后，他第一时间办好出国手续，从冲绳飞到了夏威夷，继续帮鸠山看病和送药。

让人叹息的是，就在从东京机场回自己医院的路上，藤野化久遭遇了车祸，死在抢救室里。

藤野化久的儿子，一个刚毕业不久的医学高材生——藤野昌琦，在送走父亲后，便从父亲手中接过接力棒，继续为鸠山治病。他还对鸠山隐瞒了藤野化久去世的真情。

从此，每隔三四个月，藤野昌琦都会飞夏威夷一次，帮鸠山治病和检查身体，并不断地告诉老人不要改变日本的传统饮食习惯，让饮食始终保持低热和健康。

即便是到了网络便捷，可以通过视频看病的今天，藤野昌琦依旧和父亲当年一样，按时来到鸠山老人的身边问诊和送药，不曾延误一次。

在鸠山老人102岁的生日庆祝会上，老人拉着藤野昌琦的手，连连道谢。而藤野昌琦只是一个劲地摇头，他是这样说的：“父亲临终时曾反复要求我，一定不能跟丢你。他说，如果我们能治愈一个病人，那么就一定不要轻易丢下他们，不论发生什么。这是我们家族里每一个医生的职业道德底线。幸运的是，86年来，我们一直不曾跟丢您。”

直到目前，这个跟还在继续中。

59

当上帝赐予你一个天使，却又告诉你，天使的翅膀断了，妈妈除了哭泣哀伤和抱怨，还能做什么？廖艳晖说："妈妈要让自己变得无比强大，因为你要做的事实在太多了！""我儿子的世界再孤独也会有一个人陪他，那就是妈妈。"

我有一个"星星的孩子"

□马　丽

爱可以创造一切。但有时候，仅仅有爱是远远不够的。尤其当这一头是妈妈，另一头是天生"与众不同"的孩子——自闭症儿童。

12年前，廖艳晖的儿子凯文被诊断为自闭症，就像一个天使被判没有翅膀。折翼后的天使还能飞翔吗？当年，廖艳晖逢人必讲的开场白是"我是自闭儿他妈"，如今10多年过去了，天使和他的妈妈对生活还有梦想吗？《现代家庭·生活》独家采访廖艳晖，倾听她与儿子"爱的发声练习"。

自闭症孩子的妈妈要无比强大

今年1月，凯文过完了16岁生日，妹妹给他烧了一大桌菜，有他最爱吃的红烧排骨、炒虾仁。一大家子围坐在一起，很开心。廖艳晖说：凯文一直都很喜欢这种氛围，过生日是他最高兴的事情，因为可以吹蜡烛。"小时候，为了让他练习发声气息，医生说多吹气对他的发声说话会有帮助，家里就买了很多很多蛋糕，切成一小块一小块，在上面插好蜡烛，一开始他不肯吹，后来知道吹灭了蜡烛就可以吃蛋糕了，就爱上了吹蜡烛。现在他只要一看到蜡烛还是会忍不住上前去吹。家里谁过生日，总是吹不到自己的蜡烛，每次都是凯文第一个跑上去呼地一下全吹灭了！如果再配上生日歌，那一整天他都会特别兴奋。”

Happy Birthday的音乐响起，点上蜡烛许下心愿，每一个小天使都曾经是爸爸妈妈的希望，凯文当然也不例外。他生下来的时候8斤多，白白胖胖，身上一丝瑕疵都没有，漂亮得就像洋娃娃。廖艳晖说：那是她生命里最美的春天。可是，上帝一定是打了个盹，不然春天怎会如此短暂，转瞬就跌入了寒冬？宝贝眼看两岁多了却还不会说话，廖艳晖有些着急，别人都说那是“贵人语迟”。记得当时孩子总是一个人嘀咕着什么，谁也听不懂，其实这正是自闭症孩子一个突出的表现症状，但妈妈在日记里写的是“我儿子真了不起，他说的是国际语言。”

叫人担心的事情还是发生了。渐渐的，凯文的症状越来越严重，最简单的“尿尿”教了几千遍也不会说，每天还得包着纸尿片，不然就要换十几条裤子；玩东西显得很沉闷，一个白信封能玩一天，一台吊扇抬头能从早看到晚；晚上基本不睡觉，又哭又闹。一个月后，廖艳晖不得不面对现实，医生给他们一张自闭症检查表，每一项她都打了勾，诊断书上“孤独症”的字眼，就像一根根针，刺得廖艳晖心都碎了。

当上帝赐予你一个天使，却又告诉你，天使的翅膀断了，妈妈除了哭泣哀伤和抱怨，还能做什么？廖艳晖说：“妈妈要让自己变得无比强大，因为你要做的事实在太多了！”“我儿子的世界再孤独也会有一个人陪他，那就是妈妈。”从医院回来的这一天起，廖艳晖辞去工作，开始全心全意地照顾凯文。爱能拯救一切，但在自闭症儿童的世界里，拥抱妈妈只是一种习惯，他根本无法明白“妈妈”代表的是怎样一个含义。这时候，廖艳晖却仍然不得不一边承受巨大的心理痛苦，一边狠下心来给凯文立规矩：为了让儿子学会吃饭用筷子，廖艳晖把他最爱吃的苹果切成块放在他面前，如果他不用筷子夹，就不给他吃苹果。小凯文吃不到东西，非常气愤，就用拳头打自己的太阳穴，用手打碎厨房的玻璃，手上和脸上全都伤痕累累，但廖艳晖痛在心里，嘴上却无比强硬，她铁着心告诉儿子：想要吃苹果，就必须学会用筷子。就这样，坚持了数个月，凯文终于拿起了筷子。

不讨人嫌、不砸场子

自闭症儿童有个“浪漫”的名字，叫做星星的孩子。他们是来自星星之上的孩子，用星星上的方式来跟世界对话。不是他们难以理解我们的世界，只是我们不懂得他们。凯文始终生活在自己的世界里，但是对周遭自己熟悉的东西又特别敏感，回家只认一条路线，鞋子只穿同一种款式。小时候，凯文对妈妈去洗澡特别敏感，每次只要廖艳晖一进浴室，他就开始大吵大闹，使劲拍打浴室的门，隔壁邻居一度以为廖艳晖是拐卖儿童的人贩子，差点报警，廖艳晖只得拿出身份证户口本拼命跟人家解释，自己的孩子是个自闭儿。后来廖艳晖发现，凯文很喜欢吃葡萄，以后每次她要去洗澡前都会给凯文买来葡萄，让他安静下来。

慢慢的，凯文开始理解了正常人的意图和习惯，也渐渐认识了和他朝夕相伴的妈妈。有一天，廖艳晖在洗澡，突然孩子又过来拍浴室的门，见妈妈没有答应，他急了，隔着门，发出了一声含糊的声音“妈妈”。廖艳晖不敢相信自己的耳朵，她愣住了，只听儿子又清晰地叫了声“妈妈”，那一刻，她觉得所有的付出都是值得的，从那以后，儿子就会叫家里所有人了。

别人的孩子都会的东西，自己的孩子怎么也学不会，这还不是自闭症孩子的妈妈最担心的事情，因为还有一个更巨大的挑战需要她们去面对，那就是脸皮一定要厚！廖艳晖说：“做一个自闭症孩子的妈妈，脸皮要厚上加厚，否则根本没法生存。”

就拿打针来说，从小到大，给凯文打针都是让廖艳晖最头疼的事情。

好几个人按住他都没用，他也不管会不会伤到自己，打肌肉注射针愣是把一根针弯成90°。弄到后来根本就没有护士愿意给他打针，每次他一生病，廖艳晖都要去托熟人，必须求着护士才肯给打，每次打针都把医院闹得人翻马仰。有一次在北京机场，廖艳晖和儿子要回深圳，可凯文又闹情绪了，见到外面停着的飞机他就要奔过去，拉住他，他就大哭大闹。当时机场那么多人，廖艳晖没办法管住他，一个女人带着一个自闭症的孩子，当所有责备、嘲笑、厌恶的目光投向她时，她只能让自己的脸皮厚过一堵墙，直接大声说：“我的孩子有问题，他是自闭儿！”

在廖艳晖的精心照料下，凯文现在在康复中心上学，像过马路要看红绿灯，洗脸洗澡，这些基本的生活自理能力都已经没有问题，但这些在常人看来几乎是本能的本领，廖艳晖却花了整整十几年才教会他。当时家里达成的共识就是要让凯文做到“三不”：一是“不讨人嫌”，万一父母家人都有事，临时把他托付给亲戚朋友，可以不出乱子。二是“不搞特殊对待”，要能吃百家饭、穿百家衣，再进一步就是能带他出去旅行。廖艳晖就碰到过有的自闭症小孩明明和大家一起在看表演，突然中途跑掉了，因为吃饭时间到了，这是铁定的规律，是不容许更改的。现在凯文什么都吃，也基本能遵循大家的规则，过集体生活。三是“不搞破坏、不砸场子”。这后一条也是给亲戚朋友的忠告，带着凯文去做客时，如果家里有什么贵重的物品一定要收拾好，万一被凯文砸了，可赔不起！

凯文是幸运的，有一个爱他、懂他、理解他的妈妈，有一个愿意包容接纳他的家庭。但是，并不是所有的自闭症患儿都这么幸运。很多家庭因为自闭症孩子而解体，最后承受压力和痛苦的往往是妈妈。10年前，廖艳晖和其他几位自闭症孩子的妈妈一起，创办了深圳市自闭症研究会。起初，廖艳晖的先生把公司的办公室捐献出来，供她们开展日常事务，在妈妈们的努力之下，现在，研究会日趋稳定，在对自闭症患儿的康复训练等方面都作出了积极的贡献。去年，研究会还获得了壹基金的赞助。

希望儿子成为生活的冠军

世界上所有的妈妈对自己的孩子都是有梦想的，从他们呱呱坠地的那一天起，各种各样的梦想都会编织在父母的想象中。原先，廖艳晖和先生给儿子取名叫叶立，希望他将来能做一个顶天立地、独立自主的男子汉。直到5岁后，他的名字才改成凯文。“梦想就像一个个幸福的泡泡一样，随着梦想碰到现实，这些幸福的泡泡都会一个个破灭。你想象自己的孩子究竟会是怎样一个人？最初的梦想都已经不重要了。”很多妈妈都会告诉廖艳晖，自己的孩子虽然是自闭症，但却有了不起的天赋，有的是钢琴王子，有的是马拉松冠军，但到目前为止，凯文并没有什么特别出众的特长，“他们问我凯文有什么特殊的本领，我常常笑着说‘吃算不算？’因为他还蛮喜欢美食的。所以，我们现在已经调整自己的梦想，希望他能成为生活的冠军。”

小时候，凯文的体质特别好，9岁之前都还是上蹿下跳的，家人常常要到柜子顶上去找他。但9岁那年，他突发癫痫，从此以后体质就变差了，尽管身材各方面发育得都很好，但他很容易累，而且协调性也变差了。比如画画、手工这些需要集中精神做的精细的活儿，他都没办法完成，因为只要时间稍微一长，他就会流口水。“那凯文要做怎样的冠军呢？如果有一天爸爸妈妈不在了，我们希望他能很好地生存下去，做自己生活的冠军。有其他艺术天赋固然很可贵，但能做自己生活的冠军，才是真正的胜利。我们从12年前开始，就朝着这个目标努力了。”廖艳晖说，随着研究会渐渐走上正轨，工作不像以前那么琐碎，从今年开始，她有一个规划，看看能不能每年带凯文去2-4个不同的自闭症康复中心，去当志愿者，他所能做的也许只有清洁工作，搞搞卫生之类，比如服务满30个小时，那家机构就可以给他在一本专门的小本子上盖一个章。这个想法是廖艳晖去年带凯文看上海世博会的时候突然想到的，每参观完一个展馆，都可以在世博护照上盖一个章，她就想自己的凯文是不是也能用这样的形式，来完成人生的盖章。“人生为什么不能是一本小本子呢？当我们离开他的那一天，我们和他一起数一数，盖了多少章，去了多少地方，和多少自闭症孩子合过影，这就是我们的梦想。但真正做起来，肯定会有困难，比如那些康复机构有的是在很偏远的地方，能否带他同行？能不能坚持下来？”

这就是自闭症孩子的妈妈，每一分每一刻都在让自己变得更强大，不断地调整自己和孩子共同的梦想，并一往无前地去完成它。

60

面汤里氤氲的热气这次不知为什么会浓得化不开，竟使他双眼模糊了起来。他抬起朦胧的双眼望着她。是的，他已经好久没有认真地看过她了。

一碗流泪的面

□朝　颜

刚刚度完蜜月，夫妻俩便从老家东北农村来到了这座海滨城市。他仪表堂堂，有着北方男人特有的高大魁梧，很快就在海港上找到了一份力气活；她有着北方姑娘的宽容勤快，也在海港附近的一个工厂里当了流水线工人。

日子是清苦的。不多的工资，还要挤出来寄给老家的爹娘。厂里的集体饭菜是南方的口味，他们一直吃得不怎么习惯。看着他一日一日地瘦下去，她很心疼。休假的时候，她提议去不远处“大北方面馆”吃面，是地道的北方口味。他说：“还是不要吧，进馆子花钱。”她娇嗔地说：“我太想吃面了，你就陪我去嘛！”

来到面馆，他们小心翼翼地要了两碗5元钱一碗的面。端上来的时候，才知道面的分量有点少，只适合南方人的肚子。她把先上的一碗推到他的面前，叫他快吃。他实在饿了，这熟悉的味道也太诱人了，没多想，就端起碗大口吃起来。看着他吃得那么香，她心里很是高兴。等到另一碗面端上来的时候，他已经吃了大半碗了。于是，她将自己的那份又拨了一半在他碗里。

他说：“你吃那么一点点，哪能饱呢？”她笑笑：“我们厂里的活不累，不像在农村，我的饭量早变小了。”接着，他心安理得地吃了下去。说真的，如果不加上这半碗，他还真的吃不饱。

此后的很多个假日，她习惯拉着他去“大北方面馆”。为了省钱，他们只要两碗。同样，每次她都把自己的面分一半给他，他也习以为常地接受她“吃不了”的那半碗面。然后，他们手牵手回到那间窄窄的出租屋里，生活虽然拮据，却过得温馨而甜蜜。

回到出租屋里，他动情地捧着她的脸说：“给我时间，我一定要让你过上好日子。”

他开始更加努力地工作，并且四处寻找机遇。终于有一天，他在一家大公司里找到了一个薪水更高的职位。只是，他常常要加班，陪她吃面的次数也渐渐地少了。他真的很拼命，常常揽着几个人的事做，从无怨言。得到公司经理欣赏的同时，他获得了第一次升职的机会，薪水也随之升级。他把那些钱全部交给她保管，一心一意地为未来打拼着。

就在他的事业蒸蒸日上之时，一个俏丽可爱的女孩——公司老总的女儿爱上了他。女孩喜欢他的高大英俊，更喜欢他的憨厚老实。女孩经常以工作为名，开着车带他出入各种高档酒家，尤其爱带他去吃海鲜。女孩说：“在海边生活，就得学会吃海鲜。以后，等你做了公司的高层管理人员，还要经常应酬呢。”他明白女孩话中的含义，每次跟她在一起，都会矛盾与自责。

似乎到了“说清楚”的时候了，他想。原以为妻子会大哭大闹，死活不从。没想到，她显出很镇定的样子，淡淡地说：“我们好合好散，最后去吃一次面好吗？”他同意了。

已是深秋，风吹过来，有些冷。她换上了那件从老家带来的结婚时穿的大红花衣裳，和他一前一后地向面馆走去。还是那家“大北方面馆”，还是他们常常坐的那个不起眼的靠窗位置，也还是要了两碗5元的面。像从前无数次那样，她把端上来的第一碗面推给他，静静地看着他吃完了半碗，又把自己的半碗拨到他的碗里。

她没有动筷子，只是开始絮絮地交代他：“这是你交给我的钱，全都存在这个存折里了，一共有27600元。以后，你要是吃不惯南方的饭菜，就到这儿吃面吧。一碗吃不饱，你得要两碗，身子最重要，别省着。还有，爹娘那边，以前每个月寄500，从你加工资后，现在每个月都寄1000，你可别忘了……”

他埋头吃着吃着，就吃不下去了。面汤里氤氲的热气这次不知为什么会浓得化不开，竟使他双眼模糊了起来。他抬起朦胧的双眼望着她。是的，他已经好久没有认真地看过她了。他发现那曾经红润的脸蛋不知从什么时候起，变得苍白憔悴，眼角上还泛起了丝丝细纹。他还记得她结婚时候的样子，大红的花衣裳下，映衬着的她如花的羞涩。他端起她面前的那半碗面，塞到她那早已粗糙的手里，突然泪流满面……